William Horn

Hosiana

ein Liederbuch für Sonntagschulen, Erbauungsstunden und die christliche Familie

William Horn

Hosiana

ein Liederbuch für Sonntagschulen, Erbauungsstunden und die christliche Familie

ISBN/EAN: 9783743340534

Hergestellt in Europa, USA, Kanada, Australien, Japan

Cover: Foto ©Thomas Meinert / pixelio.de

Manufactured and distributed by brebook publishing software (www.brebook.com)

William Horn

Hosiana

Hosianna,

ein

Liederbuch für Sonntagschulen, Erbauungsstunden

und die

christliche Familie.

Redigirt von M. Horn.—Musik von J. M. Biermann.

Cleveland, Ohio.

Verlagshaus der Evangelischen Gemeinschaft.

Hosanna dem Sohne Davids!

Gelobet sei, der da kommt im Namen des Herrn! Hosanna in der Höhe!

So jubelte einst die begeisterte Jugend dem Herrn bei seinem Einzug in Zions Königsstadt entgegen. Das ist auch die Sprache dieses Büchleins. Aus demselben soll dem König des Friedens ein begeistertes Hosanna von jugendlichen Lippen entgegenschallen. Und die Alten dürfen's auch herzhaft mitsingen.

Es ist keine Mühe gespart worden, diese Sammlung möglichst vollkommen und zweck=entsprechend zu machen, und hat man dazu die Blumen, welche nicht im eigenen Garten gewachsen sind, auf der blühenden Wiese des deutschen Volksliedes und in dem Treibhause der amerikanischen Sonntagsschulgesänge gepflückt. Mit welchem Geschick die Wahl der Letztern getroffen ist, davon mag sich der geneigte Leser (oder Sänger) selbst überzeugen. Bei der Auswahl der körnigen deutschen Volksweisen ist man besonders vorsichtig gewesen, alle Melodien auszuschließen, welche im Original anstößige Texte haben. Die Texte sind theils neu, theils Uebersetzungen, theils ausgezeichneten Sammlungen entnommen. Bei den Ueber=setzungen ist so viel als möglich alles Holprige vermieden worden, doch bitten wir zu bedenken, wie schwierig es oft ist, deutschen Text einer eigenthümlichen englischen Melodie anzubequemen. Im Uebrigen wird sich das Büchlein selbst empfehlen. Die Stücke in demselben sind alle schön, wenn sie — schön gesungen werden.

H. H.

Hosianna.

1. Singet dem Herrn—Hosianna.

(Psalm 96.)

J. M. Biermann.

Kräftig.

1. Sin = get dem Herrn ein neu = es Lied; fin = get dem Herrn Al = le Welt Sin = get dem Herrn Al = le Welt, an = na!
2. Ihr Bei = fer brin = get der dem Herrn, brin = get der Eh = re und Macht, o kom = met zu ihm, Ho = fi = an = na!
3. Be = tet ihn an, den Herrn, den Herrn, im hei = li = gen Schmud al = le Welt o be = tet ihn an, Ho = fi = an = na!

Herrn, fei = nen Na = men feinen Na = men, pre = digt ei = nen Tag am
ihm, und Ge = schen = te und Ge = schen = te und Ge = schen = te und o
an. Be = tet, be = tet an; Be = tet an, den Herrn, o be = tet ihn an

(3)

2. Du bist der Weg.

Gräfin Egloffstein.

Mit Gefühl.

1. Du bist der Weg, die Wahrheit und das Leben, Und Kei=ner kommt zum Va=ter, denn durch dich!
2. Doch um aus mir zu Gott zu ge=ben, O mein, Er=lö=fer, rei=te te denn auch mich!
3. Auf denn aus dei=ner Fül=le ge=tei=ligt in der Wahr=heit fein, O du, der du von nun Va=ter aus=ge=gan=gen, Der Weg, die Wahr=heit und das Le=ben bist!

Das erste Mal Halbchor, des zweite Mal voller Chor.

Weit ist der Weg und nim=mer, nim=mer kün=de Und der Hei=mats für dem mü=ten
Und soll ich ganz der Wahr=heit Kraft um=frin=gen, der Sün=de der Hei=li=ne
So werd' ich einst, nach Ü=ber=flamt' nen Sei=den, Blut, das mei=ne Hell=nung

Geist, Wenn nicht an dich mich das Ver=tre=ben hän=te, Daß du mir felbst der Weg zum Va=ter seist.
So in, Soll ich den Tod durchs Le=ben ü=ber=win=den, So muß dein Le=ben in mich ü=ber=ge=h'n.
In, Hin a=ber=ge=ben in die ew=gen Freu=den, So fei=n=ge Men=ne al=len Schmerz ver=fügt.

(1)

3. Beruhigung.

Mit Erlaubniß aus "Songs of Gladness."

W. v. Strauß.

1. O mein Herr, gib dich zu = frie = den, Und ber = za = ge nicht so bald! Was dein Gott dir ha =
2. Hüllt er dich in Dun = kel = hei = ten, So lob = sing' ihm aus der Nacht; Sieh, er wird dir Licht be =
3. Wär' auch al = le Welt dir feind = lich, Ret = te = te sich wi = der dich; Dank ihm, o der Herr ist
4. O so laß denn al = les Bangen, Wir = fe frisch, halt mu = thig aus! Was mit ihm du an = ge =

Chor.

Dar = um ru = hig nur, trau auf Gott, Schau . .

Trau auf Gott

schie = ben, Nimmt dir kei = ner Zeit Ge = walt.
rei = ten, Wie du's nim = mer = mehr ge = dacht.
freund = lich, Sei = ne Huld währt e = wig = lich.
fan = gen, Führ = ret er mit dir hin = aus.

auf = wärts nur in der Noth,

Lie = be = voll wird Gott dich lei = ten, Durch der Stür = me Wuth, heim zur Ruh.

In der Noth, Lie = be

(5)

4. „Fürchte dich nicht—glaube nur!"

Pilger.

J. R. Biermann.

1. Kann ich, darf ich dir ver-trau-en, Hof-gen, wie dein Ruf mich heißt, Dei-ner Füh-rung oh-ne
2. Dei-ne Gna-de nur, Er-bar-mer! Heilt das sün-den-bol-le Herz, Aus dem Staube ent-steigt ein
3. Darf auch ich zu ih-nen zäh-len, Mir be-wußt der eig'-nen Schuld? Durch dein Lie-'ten und Er-

Grau-sen, Gna-den-rei-cher Got-tes-geist? Nur von O-den keimt das Le-ben Der Na-
Ar-mer! Auf dein Ru-fen him-mel-wärts, Tau-sen-de, von dir be-ru-fen Mit dem
wäh-len, Mit Müh-'ten bei-ne Macht und Huld? Herr und Mei-ster mei-ner Lie-be, Brü-sse

tur im Son-nen-strahl; Nur vom Him-mel wi-b ge-ge-ben Licht und Heil dem Er-den-thal.
Heil'gen Gna-den-ruf Knie'n an bei-nes Thro-nes Stu-fen, Du, ber ih-re Met-tung schuf;
und er-for-sche mich! Und zum Prei-se bei-ner Lie-be Mach mich folg-sam ge-gen dich!

(6)

5. Jesus meine Freude.

W. Horn.
Mit Gefühl.

Heinr. Werner.

1. Wißt ihr, was mich freu = dig macht Und so un = be = küm = mert, Wenn auch ein = sam
2. Und ich ge = be die = ses Gut Nicht für tau = send Wel = ten, Er wäscht mich in
3. Ist der Herr mein Schutz = pa = nier, Laß die Fein = de to = ben, Er ist mei = nes
4. Da = für sei ihm im = mer = bar, Preis und Dank ge = sun = gen! Hier, trotz Stür = men

in der Nacht Mir kein freund = lich Au = ge lacht Und kein Stern = lein schim = mert?
fei = nem Blut, Er nimmt mich in Sei = ne Hut, Wenn mich Men = schen schel = ten.
Le = bens Zier, Mei = ne Se = lig = keit schon hier Und der = einst dort o = ben.
und Ge = fahr,—Ein = stens bei der En = gel = schaar Mit ver = klär = ten Zun = gen.

Je = sus, Je = sus ist's al = lein, Je = sus mei = ne Freu = de!

cresc.   rall. p

(7)

6. Hosianna dem Sohne Davids.

J. M. Biermann.

J. Hammer.

Etwas schnell.

mf

Grü = ße Pal = men schwan=gen sie,
Ho = si = an = na san = gen sie,
2. Tau = sen = de im Tem = pel sah'n
Das Ge = leit des Heiland's nah'n,

Als er un = ter Frie = dens=bo = gen In die Got = tes=
stadt ge = zo = gen. Als er nach dem Tem = pel kam, klang es lieb = lich, wun = der = sam;
Ba = ter bro = ßen, "Ho=si = an = na!" klang es froh Von den Lip = pen De = rer, so

Chor. Wieder schneller.

Kin = der fan = gen ihm ent = ge = gen, Ba = ten ihm um sei = nen Se = gen. Ho = si = an = na!
Dort den Klein=sten al = ler Klei=nen Seg=nen sah'n die from=men Klei=nen. Ho = si = an = na!

Langsamer.

(5)

Hosianna dem Sohne Davids.
(Schluß.)

Ho=si=an=na! Ho=si=an=na! dem Sohne Da=vids! Ho=si=an=na! Ho=si=an=na! in der Höh'!

7. Trost in Jesu.

Louise Henzel.
Getragen.—Halbchor.

Das zweite Mal ganzer Chor.

1. Wenn dich Men=schen krän=ken, Durch Ver=rath und Trug, Sollst du fromm ge=
2. Kom=men trü=be, Sieh al=lein auf ihn. Wil=lig ob=ne
3. Wirb dir's im=mer trü=ber, Nagt dich inn'=rer Schmerz, Hab' ihn im=mer
4. Ma=chen bei=ne Sün=den, Wir das Le=ben schwer, Eu=che ihn zu

ten=ken, Was dein Herr er=trug.
Kla=ge Gott durch Sor=nen hin.
lie=ber, Drück ihn an's Herz.
fin=ben, O, er liebt dich sehr.

5. Quält dich heimlich Sehnen,
Liebverschwieg'nes Weh,
Sprich zu Gott mit Thränen:
Herr, dein Will' gescheh'!

(9)

8. Frisch auf, zur Sonntagschul!

Z. H. Silcher.

1. Sei uns will = kom = men, Tag des Herrn! Frisch auf, zur Sonn = tag = schul! Wir
2. Wie freund = lich hat uns Gott be = dacht, Frisch auf, zur Sonn = tag = schul! Daß
3. Zu ru = hen von der Län = de Werk, Frisch auf, zur Sonn = tag = schul! Daß
4. Zur Kir = che ruft der Glo = cken = schall, Frisch auf, zur Sonn = tag = schul! Tönt

seh'n dich herz = lich gern, Frisch auf, zur Sonn = tag = schul.
er den Erb = hat ge = macht, Frisch auf, zur Sonn = tag = schul.
Leib und Seel' sich mie = der stärf, Frisch auf, zur Sonn = tag = schul.
lieb = lich ü = ber Berg und Thal. Wir geh'n zur Sonn = tag = schul.

Chor.

1te Mal. 2te Mal.

Ja wir geh'n, Ja wir geh'n, Ja wir geh'n, Ja wir geh'n in die Sonn = tag = schul = Schul.

(10)

Nach dem Engl. v. J. J.

aus "Pearl."

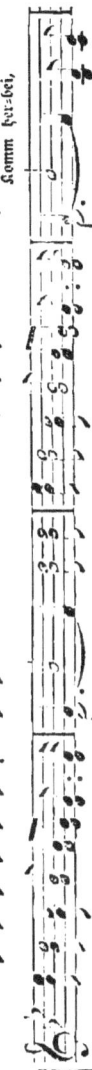

10. Frühlingsmahnung.

cres.

1. Wie schön ist meines Gottes Welt! Wie freundlich lacht das Himmelszelt! Wie süße weht die Morgen=
2. Wie lieblich noch, als Wogesang, Er tönt mir heut' der Glockenklang, Wie sanfter weht, als Morgen=
3. Heut' theilet man im Gottesland, Die reichen Himmelsgüter aus, Heut' kehrt in jedem Her=
4. So wie die Lerche jubilirt, Und jauchzend sich im Blau verliert, So freuet sich auch mein Brün=

luft, Voll Rosenglanz und Reisenduft.
wind, Der Frieden Gottes um sein Kind.
ein, Der Lie = be Heiland bei uns ein.
Herz, Voll heil'ger Andacht Himmelwärts.

Chor.

Sei hoch=will=kom=men, Tag des Herrn, Sei hoch=will=kom=men,

Tag des Herrn! Du alter Ta = ge Licht, Du Licht und Stern,

Du alter Ta = ge Licht, Du Licht und Stern!

11. Leitung von Oben.

v. Wahlmann.

1. Wie auf wild em-pör-tem Mee-re, Un-ge-wiß in ich rein Lauf,
2. Giebt euch nie-über, Gei-stes-stra-sten, Trän-ke mich Le-bens-quell!
3. Wie ein Sehn, der aus der Frem-be Heimfahrt, wo er lang-ver-weilt,
4. So auch ich, den hielt ge-fan-gen Schwachheit, Fin-ster-niß und Sünd,

Erste Mal Halbchor, zweite Mal voller Chor.

Nach dem Leuchtthurm sie zu lei-ten, Schif-fen be die Bli-e de brei-ten, Schwebt mein
Bleibt euch über mir zu-sam-men, Mei-ner Hoffnung Lim-mels-flam-men, Macht mein
Nun in sie der Heim-ath Hüt-ten Licht sieht und mit schnel-len Schrit-ten An die
Ei-le beim aus burst-let Fer-ne Euch ent-ge-gen, Frie-bens-ster-ne— Va-ter,

Blid zum Him-mel auf,
Le-ben licht und hell!
Bruft des Ba-ters eilt!
füh-re bu beim Kind!

12. Das verlorene Schaf.

Nach einer französischen Melodie.

M. Horn.

Die zwei ersten Verse sollen etwas langsam, der dritte Vers aber schneller gesungen werden.

1. Neun = und = neun = zig Schäf = lein, sieh, dort am Wü = sten = rand, Wei = den bei ein = an = der, dem Hir = ten wohl = be = kannt; Doch ein's hat sich ver = irrt, es wan = dert fern al = lein — Ver = irrt und ver = lo = ren, wo mag das Ar = me sein?

2. Hört dort auf den Ber = gen, welch' fü = her Ruf er = schallt: „Schäf = lein, keh = re wie = der! das E = cho bit = tend hallt. Es bringt durch Sumpf und Dorn des Dorn = zu = ten Hir = ten Fuß, Die = weil sonst das Lämm = lein e = lend ver = schmach = ten muß.

3. Treu dich ar = mes Schäf = lein! der Hirt nimmt's auf den Arm, Trägt's zu = rück zur Heer = de, an sei = nen Bu = sen warm, Und ruft: „Freut euch mit mir, vor = bei ist die Ge = fahr, Das Lämmlein ist ge = ret = tet, das einst ver = lo = ren war!"

(14)

Das verlorene Schaf.

(Schluß.)

Fern von der Heer = de in gro = ßer Ge = fahr, Der Ab = grund droht und der Wöl = fe Schar, O Ab-
Er sucht und sucht, bis er end = lich es fand, Dem To = be nah, an des Ab = grunds Rand, O.
Und himmli = sche Heer = schaaren ma = chen zur Stund Voll G eu = de am Thro = ne Got = tes kund: "Ein

wohl! ter = laf = sen und ganz al = lein, noch Hoff = nung sein?
wohl! Es hat ge = fo = stet sein Blut, bu = ß e = wig gut."
Schaf, ver = lo = ren in Schuld und Nacht, "Komm her, kann hast zu = rück = ge = bracht."
"Ist nun zur Heer'

13. Eröffnungslied.

Blick in Gnaden nieder, auf uns du treuer Hort!
Erleuchte uns Herr Jesu, mit deinem Geist und Wort!
Vertreib die Dunkelheit und allen eitlen Sinn,
Und lenk' uns're Herzen, aufs Göttliche nur hin!
Zeig uns die Wahrheit im geistlichen Licht,
Was unrecht ist und was uns're Pflicht.—
Lehr' uns erkennen und hilf uns nun,
Was dir gefällt, mit Freuden thun.

Segne wenn wir lehren, des Wortes Unterricht,
Höre wenn wir beten, verbirg dein Antlitz nicht!
Gefallen laß dir Herr, heut unser'n Lobgesang,
Wir bringen mit Freuden dir unsres Herzens Dank.
Dir Jesu dienen, ist großer Gewinn;
Ein reines Herz und himmlischen Sinn,
Das gib uns Allen Herr Jesu heut,
Das gib uns bis in Ewigkeit.

W. H.

W. Horn.

14. Freude in Gott.

J. W. Biermann.

1. O, wie lieb=lich ist die Zeit, Da man sich im Herrn er=freut! Wenn mit herz=li=chem Ge=bet Gläu=big man zum Va=ter fleht, Wenn Ge=sang er=schallt, Wie im Bu=chen=wald, Eu=les E=cho klingt, Wenn das

2. O, wie se=lig ist der Mann, Der sich al=so freu=en kann! O, wie se=lig ist das Kind, Das schon früh ba=mit be=ginnt, Daß es Gott ge=fällt, Daß es nützt der Welt, Dann ist's al=le=zeit Sei=ner

Herz durch=bringt Eu=le Him=mels=luft, Wenn die fro=he Brust Got=tes=furcht al=lein be=lebt.
El=tern Freud', Sei=ner Leh=rer Luft, Es fühlt in der Brust Schon des Him=mels Won=ne hier.

(16)

15. Jesus, das Vorbild der Jugend.

Mit Erlaubniß aus "Songs of Gladness."

B. Horn.

1. Mein Hei=land Je=sus soll Mein Vor=bild sein, Er war hold=se=lig, fromm und rein, Wollt
2. Den El=tern un=ter=than War Je=sus stets, Sein Vor=bild sei=re mich auch an, Zu
3. An Weis=heit und an Gna= be nahm Der Hei=land zu. Auch mein Be=stre=ben je=ben

früh im Hau=se Got=tes gern schon sein. Er lausch=te dort, er lausch=te dort der Leh=rer Wort, der
sein den El=tern im=mer un=ter=than, Ja, im=mer=dar, Ja, im=mer=dar, so wie er war, so
Tag Sei, daß ich geist=lich wach=sen mag=sen mag, Da=mit ich treu, Da=mit ich treu, ihm ähn=lich sei, ihm

Leh=rer Wort, So wie mein Hei=land Je=sus dort, Will auch, will auch ich hö=ren Got=tes Wort.
wie er war, Gott und den El=tern un=ter=than, All=zeit, all=zeit bor früh=ster Kind=heit an.
ähn=lich sei, Und durch mich leuch=te Je=su Licht, Bis ich einst schau, einst schau sein An=ge=sicht.

(17)

2

Mit Erlaubniß von H. R. Palmer.

16. Heut' noch im Paradiese.

M. Horn.

1. Heut' noch im Pa-ra-die-se Wirst du mit mir sein!" O, wie hold und süß-Be
2. Sieh', wie die En-gel lau-schen, Tief be-wegt im Chor. Horch, wie die En-gel rau-schen,
3. Heu-te, o Sün-der hö-re Je-su bei-nen Herrn, Dich von der Sün-de leb-re,

Muß die-ses Wort doch sein!
Freu-den-voll em-por.
Bleib nicht län-ger fern.

Das der Herr einst ge-spro-chen, Hän-gend am Kreuz blu-tend hort.
Da-mit sie halb ver-kün-den Die Bot-schaft am Thro-ne Hort.
Weih' dich mit Leib und See-le Al-lein dem Herrn bei-nem Hort,

Chor.

Hör's buß-fer-ti-ge See-le, Glau-be dem herr-li-chen Wort.
Die Frei-heit von den Sün-den Durch Glau-ben an Je-su Wort.
Ent-schei-de dich und weih-le Den Glau-ben an Je-su Wort.

O herr-li-ges Wort.

Herr-liches Wort

(18)

Heut' noch im Paradiese.

(Schluß.)

Heut, herr=li=ches Wort.   O se=li=ger Ort, o fel', se=li=ger Ort!

Herr=li=ches Wort   se=li=ger, se=li=ger Ort!

17. Bitte.

Julius Sturm.

1. Herr Je=su Licht von Gott ge=sen=det, Dein Wort ist wie die Son=ne klar, }
Und wer sich dem hat zu=ge=wen=det, Der wird er=leuch=tet wun=der=bar: }   Du Licht aus Gott, ich

2. Du bist die Lie=be, die ge=tra=gen, Der Sünd'=gen Mensch=heit Schuld u. Noth, }
Die Lie=be die, ans Kreuz ge=schla=gen, Mit Freu=den starb den Opfer=tod: }   Du Lie=bes=fürst, ich

lit te dich, Er=leuch=te mich, er=leuch=te mich!
bit te dich, Zu bei=ner Lieb' ent=flam=me mich!

3. Du bist der Quell des ew'gen Lebens,
Den Gott uns offenbar gemacht,
Und wen du tränkst, den schreckt vergebens
Der Sünde und des Grabes Nacht:
Du Lebensquell, ich bitte dich,
In meinem Geist ergieße dich.

(19)

Aus dem Engl. v. J.Z.

18. Auf, ihr Streiter Christi!

Mit Erlaubniß aus "Welcome."

1. Auf ihr Strei-ter Chri-sti! Macht euch all her-bei! Laßt das Ban-ner we-hen! Macht ein Feld-ge-schrei!
2. Auf zu eu-ren Waf-fen, Zieht den Har-nisch an! Gott wird Sieg ver-schaf-fen, Traut euch ihm nur an.
3. Wenn das Kriegs-ge-tüm-mel Wird vor-ü-ber sein, O, dann zieh'n im Frie-den Eir zum Him-mel ein!

Das sei uns're Loo-sung In dem heil'-gen Krieg! Stets vor-an, Stets vor-an, Bis zum Sieg!
Je-sus, eu-er Her-zog, Eu-er treu-er Freund! Gibt euch Sieg, Gibt euch Sieg, Ue-ber je-den Feind!
E-wig dort zu woh-nen, Se-lig stets zu sein! Ew'-ger Sieg, Ew'-ger Sieg, Wird die Loo-sung sein!

Chor.

Mu-thig kämpft ihr Strei-ter, In dem Krieg, In dem Krieg! Dringt nur im-mer wei-ter Bis zum Sieg, Bis zum Sieg;

Auf, ihr Streiter Christi!
(Schluß.)

Laßt das Banner we-hen, Auf zum heil'gen Krieg! Je-sus hilft, Je-sus hilft, Füh-ret uns zum Sieg.

19. Gott mit Dir.

F. H. Himmel.

1. Sieh', hoch aus den himm-li-schen Hö-hen, Dort lä-chelt ein Au-ge so hehr, Laßt
2. Ob sich auch ein Wet-ter ent-la-bet, Und dünkt dir dein Weg oft auch schwer, Wenn
3. Und weinst du: er gäb-let die Thrä-nen, Und klagst du: er gibt dir Ge-hör; Und
4. Und wird in der lau-ten Stän-den, Dir manch-mal das Har-ren auch schwer, Das

bu bir's schon lä = chelnd ge = se = hen, Dann ru = he, was willst du noch mehr? Dann ru = he, was willst du noch mehr?
dich nur dein Leid be = gna = bet, Ver-trau-ihm, was willst du noch mehr? Ver-trau-ihm, was willst du noch mehr?
flieht du: er füll = let bein Seh-nen, Drum glaube, was willst du noch mehr? Drum glaube, was willst du noch mehr?
Lei = ben muß herr-lich sich en-den—Gott mit dir, was willst du noch mehr? Gott mit dir, was willst du noch mehr?

20. Der Heiland.

Fr. Silcher.

Nicht zu schnell.

1. Wer ist das ho=he We=sen, In ar=mer Knechts=ge=stalt, Das, Lieb und Treue
2. Doch Vie=le sehn ihn na=hen, In fei=ner Herr=lich=keit, Und wol=len ihm nicht
3. Haft du ihn schon ge=fun=den? Ist Je=fus schon dein Theil? Ist Chri=fti Blut und

zu=gend, An uns vor=ü=ber wallt? Aus fei=nen Bli=cken leuch=tet der
trau=en, Und blei=ben fern und weit; Und ih=re Bruft, fo trü=be, Ver=
Wun=den, Da ift der See=le Heil. Da ift das recht=te Le=ben, Da

Gna=de schmückt des le=bens Freud, Sein Arm ift Je=dem of=fen, Sein Gruß fo wun=der=milb.
Gruß ift der le=bens Licht, Sie müh'n fich ab und fin=den, Den fi=chern Ha=fen nicht.
Wohl ift die wah=re Freud, Und wer fich ihm er=ge=ben, Der lebt in E=wig=keit.

(22)

M. v. Schenkendorf.
Nicht zu langsam.

21. Einladung.

Fr. Glück.

1. Habt ihr es noch nie er-fah-ren, Wie der Herr so reich und gut? Wie er
2. Lie-bend hat er aus-ge-se-hen, Man-ches lan-ge Jahr nach euch; Könnt ihr
3. Kommt, laßt uns den Ruf an-neh-men, Keh-ret bei dem Herr-land ein, So wird
4. Wie sich al-le Blu-men wen-den, Zu dem Son-nen-licht, Nehm' aus

seit viel tau-send Jah-ren Al-len We-sen Gu-tes thut.
sei-nen Ruf ver-sie-hen! Kommt, geht ein ins Him-mel-reich!
un-ser Leib und Grä-men Bald in Luft ber-wan-delt sein.
dem durch-bohr-ten Hän-den Je-der an, was ihm ge-bricht.

22. Daniels Fenster.

Serot.

Selig wer im Weltgebrause,
Nach der obern Gottesstadt,
Nach dem rechten Vaterhause,
Stets ein Fenster offen hat.

Wo er selig im Gebete,
Seine Seufzer heimwärts schickt,
Und in Früh- und Abendröthe,
Nach den Bergen Zions blickt!

Wo ich mag mein Haus mir bauen,
In den Thälern, auf den Höh'n;
Immer soll nach Salems Auen,
Mir ein Fenster offen steh'n.

Dorther säuselt Luft von Osten,
Und erquickt die matte Brust,
Läßt mich in der Knechtschaft Kosten,
Künft'ger Freiheit Himmelslust.

(23)

23. Wasche mich, dass ich schneeweiss werde.

1. Komm, mein Er-lö-ser, komm Und möch-ne doch bei mir! O ma-che mich recht fromm! Laß
2. Er-wei-ke bei-ne Kraft, Mach mich von Sün-den rein, Dein Geist, der Le-ben schafft, Soll
3. Re-gie-re du in mir, Und gie-he mich dir nach! So will ich sol-gen dir, Und

Halbchor.

mich stets sein bei dir,
stets mein Blü-rer sein.
fra-gen bei-ne Schmach.

Komm, mein Erlöser, komm ge-schwind, Mach mich ein treu, ge-hor-sam

Kind; Wasch in bei-nen Blu-te mich rein, Da-mit ich schnee-weiß mö-ge sein.

Wasche mich, dass ich schneeweiss werde.

(Schluß.)

Voller Chor. Weiß, wie der Schnee, Weiß, wie der Schnee

Weiß, ja weiß, wie Schnee, Weiß, ja weiß, wie Schnee, weiß, ja weiß, wie Schnee, weiß, ja weiß, wie Schnee, wie Schnee,

Wasch in deinem Blu = te mich rein, da = mit ich schnee=weiß mö = ge sein, mög' sein.

24. Schlusslied.

Wir danken dir, o Herr,
Für deines Geistes Licht,
Für deines Wortes Lehr',
Und Heil'gen Unterricht.

Begleit' uns Heiland nun,
Bewahr uns vor der Welt,
Hilf uns mit Freuden thun
Was dir, o Herr, gefällt.

Hilf, daß wir jederzeit,
Zu deines Namens Ehr',
Zu wirken sei'n bereit,
Erhöre uns, o Herr!

Halbchor. Erhör uns Heiland, steh' uns bei,
Mach uns in deinem Dienste treu,
Wasch uns in deinem Blute rein,
Damit wir schneeweiß mögen sein.

Voller Chor. (Wie in Lied Nr. 23: „Weiß, ja weiß, wie Schnee" ꝛc.)

(25)

25. Die himmlische Heimath.

J. W. Biermann.

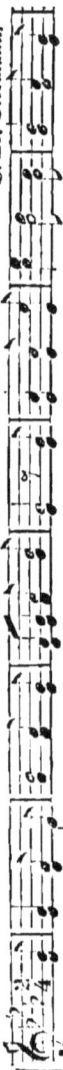

1. O kennt ihr den schön=sten, den se = lig=sten Laut? Die Hei=math, sie ist es, So lieb und so
2. O kennt ihr das Eich=nen, die himm=li=sche Gluth? Das Heu = er der Lie = be, Es löscht's kei = ne
3. Ihm ruh' ich am Her = zen, glück = se = lig und mild, Seit=dem er mein Her = ze, Mit Lie = be be er-
4. Ich har = re er er = ge = ben, voll Heim=weh die Brust, Ich wand' re zu = frie=den, Boll Lie = be und

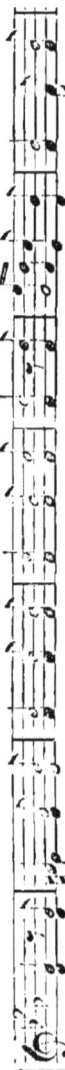

traut, Die gold'=nen Ge = fil = be am frey=stall=nen See, Die e = wi=gen Pal = men, Auf
Fluth, Das Heu = er der Lie = be im Har = zen nur brennt, Zu Je = su dem Freun = be, bon
füllt, Laut jauch=zen die Sän=ger am e = wi=gen Thron, Froh sin=ge auch ich ihm im
Luft, Halb wer = se ich An = ker, mein Schiff=lein fährt ein, Zum glück=li=chen Ha = sen, zur

Chor.

ppp

himm=li=scher Höh'.
dem mich Nichts trennt.
Thrä=nen=thal schon.
Hei = math hin = ein.

Schon seh' ich Im Glau=ben, die Heimath von fern, die Heimath von

(26)

Die himmlische Heimath.
(Schluß.)

fern, Die Sel-gen, die Kro-nen, den Thron und den Herrn, Die Sel-gen, die Kro-nen, die Kro-nen, die

Sel-gen, die Kro-nen, den Thron und den

und den Herrn.

den Thron.

26. Wenn ich nur dich habe.

Chor.

Wenn Alles mir schwindet, bleibt Jesus zurück,
O Herrlichkeit Gottes, o ewiges Glück!
Daß ich den Freund habe, der einzig allein,
Für mich ist gestorben—dein Kind will ich sein.

Chor. O Jesus, mein Heiland, dein möchte ich sein,
Im Leben, im Sterben, dein bin ich allein.

Du giebst mir auch Kräfte, zu leben für dich,
Thust selbst in mir Alles, dir lasse ich mich;
Du führest mich selig, du bleibst mein Gott,
Du bleibst mein Leben, mein Heiland im Tod.

Chor. O Jesus, mein zc.

Drum höre, o Sünder, des Heilandes Stimm'!
Seit ruft er! heut komme! heut gib dich ihm hin;
Denn morgen, ach morgen, kann's nebst zu spät sein,
Komm heute, so wirst du dich ewig mit freu'n.—

Chor. O Jesus, mein zc.

(27)

27. Der Sieg Christi.

1. Ertönt Sie = ges = psal = men, ihr Rüf = te ner = det Har, ihr Her = zen bringt
2. Der arm und der = ach = tet, den Sün = dern war ein Spott, Den Tod hat be=
3. Herr Je = su, laß schei = nen kein Jü = bes Je = hens=licht, Und zeig uns, den

Pal = men und schmü = det den Al = tar!   Lob = fingt dem Herrn, der
zwun = gen in sei = ner To = des = noth,   Der le = bet nun und
Dei = nen, dein hol = des An = ge = sicht,   Laß sol = gen uns stets

Nün = det sei = nen Sieg, Wie er dem Grab zum Thro = ne ber = Ils = ret sieg.
herr=fährt al = le = zeit, Umjauchzt von En = gel chö = ren in G = wig = keit
bei = nem Sie = bes = jug, Dieß e = wig, e = wig, schau = en, so ist's ge = nug!

28. Erdenherbst und Himmelsfrühling.

Mit Erlaubniß von
J. G. Tenner.

1. Der Winter naht, die Blätter zieh'n, Der Kranich schwebt am Himmel hin; Nach heß'rer Bon zieh'n sie fort. — Auf
2. Und wenn nun Alles zieht u. b reist, Was weilest du noch hier, mein Geist? O Freund, bevor die Stürme nah'n! Beuch,
3. Zu tröstest mich: O laß sie zieh'n! Dem Winter wirst du nicht entflieh'n; Hier muß es nachten, weifen, schnei'n; Zun
4. O du mein Heiland, welche nicht, Und führe mich zum ew'gen Licht, Wo Seelen dir in Li be blüh'n, Zu

Chor.

Gr a ben ist kein Au = he = s ert, hier ist kein Au = he = s ert,
mit auf je = ner licht = ten Bahn! auf je = ner lich = ten Bahn!
Himmel soll kein Man = bel fein, im Him = mel soll er fein.
ist der Frühling e = wig grün, der Frühling e = wig grün.

Dort am Kry-

Dort am Kry-stall'nen

Meer, dort hier s, tet man nicht mehr, bort am Kry-stall'nen Meer,

dort hier s, tet man nicht mehr, bort am Krystall'nen Meer, bort schei-det man nicht mehr.

stall'nen Meer, dort hie s, tet man nicht mehr, dort am Kry-stall'nen Meer, bort schei-det man nicht mehr.

(29)

Mit Erlaubniß von
Wm. G. Fischer.

G. Knak.

29. Der gute Hirte.

1. Wie jauchzt und freut sich doch mein Sinn, O mein Herr Jesu Christ, Daß ich bein selig Schäflein bin Und du mein Hirte bist.
2. Du sahst in der Wüste mich, Am Abgrundabliefen steh'n, Da trieb bein heißes Lieben dich, Mir eilend nachzugeh'n.
3. Du suchtest Herr, mich ohne Rast, Und riefst mir Armen nach, Bis ich, von beinem Arm erfaßt, Zu beinem Füßen lag.
4. Nun weiß ich unter beinem Stab, Auf grüner Lebensflur, Und folge still bergauf, bergab, O Jesu, beiner Spur.
5. Du gibst mir Alles, was mir fehlt, Licht, Frieden, Kraft u. Muth, u. Alles, was mich brückt u. quält, Das stillst u. wendest du.

Chor.

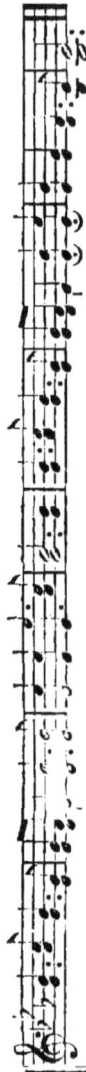

In bei-ner Lie-be freu ich mich, und fing Hal-le-lu-ja, Du opferteft am Kreuze bich, Für mich auf Gol-ga-tha.

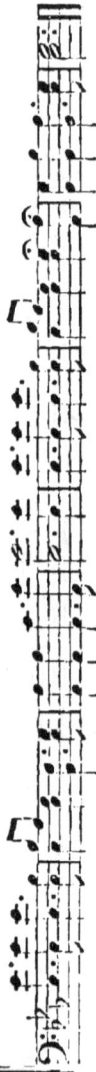

(36)

Mit Erlaubniß von
Rev. J. G. Stockton.

30. Wie Jesus will.

M. Franz.

1. Ich wand-le wie mein Je-sus will, Er soll den Weg mir zei-gen; Ihr eit-len Wün-sche
2. Ich sei be-wie mein Je-sus will, Er wandelt Schmerz in Se-gen; Trag ich sein Kreuz nur
3. Ich ha-re, wie mein Je-sus will, Ganz kindlich und be-schei-den; Einst wird in sei-nes
4. Ich bau auf ihn mein Heil und Glück, Ich kann's auf sonst Nichts bauen; Kurz und be-schränkt ist

Chor.

müßt euch still, Vor sei-nem Wil-len nei-gen!
fromm und still, Kommt mir sein Trost ent-ge-gen.
Lich-tes Füll', Der trü-be Pfad sich klei-den.
Men-schen-glück, Auf Je-sum will ich trau-en.

Schön'res nie ein En-gel sang, Sü-ße-ster von Je-su!

je-dem Klang, Mei-nes Her-zens Preis-ge-sang: Je-sus, sü-ßer Je-sus!

(31)

31. Sei stille in dem Herrn.

J. Sturm.

1. Sei still in Gott, wer in ihm ruht, Und geht mit leich-tem fro-hem Muth, Hat im-mer hei-tern Sinn, Durch Nacht und Trüb-sal hin. } Sei still in

2. Sei still im Wan-del, ja-ge nicht, Wer still sein Brod im Frie-den bricht, Nach Reichthum, Ehr' und Den hat Gott wohl-be-bacht. } Sei still im

3. Und dünkt das Kreuz dir all-zu schwer, Dann blick auf ihn, der vor dir her, Das Gott dir auf-er-legt. Das Kreuz, das blut-ge-trägt. } Er trägt's mit

Lie-be, bei wie Thau, Der Nachts vom Himmel sinkt, Und Morgens auf der kühlen Au Zu Sei still in

Leiden, "wie Gott will!" Laß deinen Machtspruch sein, Und halte seinen Schlägen still, Prägt Sei still im

himm-li-scher Ge-buld. Ein to-des-muth'-ger Held, u. trägt's doch nur aus Lieb u. Huld Für Er trägt's mit

Sei still in Liebe, sei wie Thau, Der Nachts vom Himmel
Sei still im Leiden, wie Gott will! Laß deinen Machtspruch
Er trägt's mit himmlischer Geduld. Ein to-des-muth'-ger

(32)

Sei stille in dem Herrn.
(Schluß.)

tausend Kel-chen blinkt, er sein Bild dir ein. dich und al-le Welt.

In tau-send Kel-chen blinkt, In tau-send
Prägt er sein Prägt er sein
Für dich und al-le Welt. Für dich und

In tausend Kelchen blinkt.
Prägt er sein Bild dir ein.
Für dich und al-le Welt.

Kel-chen blinkt.
Bild dir ein.
al - le Welt.

32. Osterlied.

Ich sag es Jedem, daß er lebt
Und auferstanden ist,
Daß er in unsrer Mitte schwebt
Und ewig bei uns ist.

Jetzt scheint die Welt im neuen Sinn
Erst wie ein Vaterland,
Ein neues Leben nimmt man hin
Entzückt aus seiner Hand.

Der dunkle Weg, den Jesus trat,
Geht in den Himmel aus;
Und wer nur hört auf seinen Rath,
Kommt auch ins Vaterhaus.

Nun weint auch Keiner mehr allhie,
Wenn eins die Augen schließt;
Vom Wiedersehn, spät oder früh,
Wird jeder Schmerz versüßt.

(Novalis.) (32)

33. Beim Jahreswechsel.

Ein Jahr geht hin, das and're kommt;
Nur Eines stehet fest,
Und Eines bleibt, das ewig frommt:
Daß Gott uns nie verläßt;

Gott, der für die Einen nie verläßt,
Sie hegt und hält und pflegt,
Und doppelt fest ans Herz, sie preßt,
Wenn seine Hand sie schlägt.

Das Jahr wird alt, das Jahr wird neu,
Gott bleibet wie er war.
Neu in der Lieb', neu in der Treu',
Wahrhaftig immerdar!

Laßt uns stets halten sein Gebot
Mit Liebe und mit Lust,
So werden wir, nach Sturm und Noth,
Ruh'n an des Heilands Brust.

(Wackernagel.) (33)

3

Mit Erlaubniß von
H. R. Palmer.

34. Das Anklopfen des Heilandes.

1. Je-sus ru-fet mich zum Le-ben, Daß er mich be-glückt, Doch mein Herz ist voll von Sünden,
2. Wie ge-dul-dig Je-sus war-tet Draußen an der Thür! Mit für mich durchbohrten Händen

Schwach und ungeschickt. Sollt ich seinen Ruf verschmähen, Könnt ich sagen: Nein! Könnt ich ihm mein
Klo-pfet er bei mir. Ja, ich öff-ne froh die Thü-re, Je-su, keh-re ein! O e-wig wohn' in

Chor.

Hör', o hör', der lie-be Hei-land klo-pfet,
Ja, ich öff-ne froh dig bei-nem Klo-pfen,

Herz ver-schlie-ßen, Ihn nicht laf-sen ein?
mei-nem Her-zen, Mach es fromm und rein.

(34)

Das Anklopfen des Heilandes.

(Schluß.)

35. Liebe zu den Eltern.

Glücklich ist ein Kind zu nennen,
Das die Eltern liebt,
Das mit Wissen und Erkennen,
Sie niemals betrübt.

O wie blickt der Herr voll Gnade,
Auf das Kind herab,
Führt es treu auf sicher'm Pfade,
Läßt nie von ihm ab.

Kindespflicht an Eltern üben,
Stets gehorsam sein,
Immer sie von Herzen lieben,
Stets sie zu erfreu'n.

O das bringt viel Heil und Segen,
Schützt vor manchem Leid,
Fördert auch auf Gottes Wegen,
Durch die Lebenszeit.

(35)

M. Horn.
Kräftig.

Arr. von J. W. Biermann.

36. Voran, voran!

1. Vor = an, vor = an, du munt're = rer Ju = gend = kreis!
2. Vor = an, vor = an, ein Je = su tapf' = re Wuth!
3. Vor = an, vor = an, von al = ler Sün = de rein,

Vor = an, voll Tha = ten = drang und Wiß = be =
Auf Gol = ga = tha die Sie = ges = ban = ner
Den Blick al = lein auf Je = sum hin = ge =

gier = de,
flie = gen;
rich = tet!

Nur frisch ans Werk, zu Got = tes Preis;
Im Na = men Je = su Kämpfen bis aufs Blut,
Der sie ge = trieb, wer sel = ber Herr will sein,

Ein tapf' = rer Muth ist bei = ner Sätze = re
Im Na = men Je = su trer = ben wir auch
Und nicht auf al = len Ei = gen = sinn ver =

Zier = de.
Der Feld = herr ruft, wie mit Po = sau = nen = ton, Zu = sam = men uns, der Fein = de Heer zu schla = gen,
Er ist mit uns, was scha = det uns der Feind? Nur im = mer treu im Glau = ben, Be = ten, Wa = chen,
Stark sind wir nur in un = sers Heilands Kraft, Und si = cher nur in sei = nem Gna = den = schat = ten;

Voran, voran!
(Schluß.)

Mit Gott voran, sein Arm ist stark, wir dürfen's wagen, Frisch auf, der Feind spricht unf'rem Meister Hohn.
So sie-gen wir, troß al-ler Macht des al-ten Dra-chen, Wir nur uns die Lie-be Je-su Chri-sti eint.
Steht er uns bei, wir wer-den kämpfend nie er-mat-ten, Rein—sie-gen si-der Je-be Lei-ben-schaft.

37. Die Sonntagschule.   Nach einer französischen Melodie.

B. Horn.

1. Ich ken-ne ei-nen Ort, wo ich mit Freuden wei-le, Kennst du auch den Ort, voll Se-gen immer-
2. Wie freudig schlägt die Brust, wenn Jubellieder schallen! Wie füllt das Herz so wohl, im gläu-bi-gen Ge-
3. Ja, die-ser trau-te Ort, er sei mir e-wig theu-er! Gott fül-le je-je-des Herz, an je-dem Sonn-tag

fort, Die Sonn-tag-schu-le ist der lie-be Ort.
bet! Al-len, Wenn es durch Gottes Geist uns Her-ze geht!
hort, Feu-er, Daß sei-ne Frucht ge-dei-he im-mer-fort.

ei-le, Wo-hin mich's immer zieht, wo-hin ich
Al-len, Und Gottes Friedenswort, wie fröhlich
Feu-er, Mit seiner Lie-be, sei-nes Geistes

(37)

38. Vergissmeinnicht.

J. M. Biermann.

Halbchor.

1. Im stil = len Wald, am stil = len See, Da steht ein Blü = me = lein, Es
2. Es blüht in stil = ler Ein = sam = keit, Am schö = nen Wie = sen = rain, Und
3. Manch' Wet = ter zie = het hin, Manch' Wet = ter Doch

Voller Chor.

blüht so schön, weiß nichts von Weh, Und heißt: Ver = giß nicht mein!
sagt mir oft in Trau = rig = keit: „Mein Gott ge = denkt auch dein."
es ver = traut mit sei = nem Sinn, Ge = bul = dig sei = nem Gott.

Es blüht so schön, weiß
Und sagt mir oft in 2c.
Doch es ver = traut mit 2c.

nichts von Weh, Und heißt: Ver = giß nicht mein!

4. Auch blüh'n an manchem Grabesrand,
Viel solcher Blümelein,
Dort, wo ein Liebling schlummert sanft,
Spricht es: „Vergiß nicht mein!"

5. O könnt' ich, gleich dem Blümelein,
Vertrauen fest auf Gott!
Und denken: Er vergißt nicht mein,
Auch in der größten Noth.

(38)

M. Horn.
Mit Kraft.

39. Des Christen Vaterland.

Einzelne.

Alle.

1. Wo ist der See=le Hei=math = land? Wo fehl = felt sie ein fehl = ges Band? Ist's
2. Wo ist des Chri=sten Va=ter = land? Ist's die = ie voll Welt eit = lem Land, Wo
3. Wo ist des Chri=sten Va=ter = land? Wo fühlt man sich mit voll Gott verwandt? Wo

Alle.

da, wo sich die Welt vergnügt, Die uns mit ih=rem Schein betrügt?
noch des Schmerzes Thräne fließt, Und uns ver=folgt des Fein=des List?
kalt der Mund den Herrn bekennt, Und Zwietracht doch die Brüder trennt?

O nein, o nein, o nein, o

nein! Ihr Hei=math=land muß hö=her sein!

4. Wo ist des Christen Vaterland?
Da wo die Seele Ruhe fand,
Wo unser Schatz und Erbtheil ist,
Und unser Heiland Jesus Christ,

Chor. Das soll, das soll, das soll es sein,
Das liebe Seele nenne dein.

(39)

40. Kennt ihr das Land?

1. Ich weiß ein Land, so wun-der-ber-schön,
2. Kennt ihr das Land, vom Fei-e-ben frei,
3. O Va-ter-land der Chri-sten-heit,

Voll nie-ge-ahn-ter Se-lig-
Wo froh der Ein-gel Lieb' er-
Du unf'rer Hoffnung schö-nes

Ein Land, wo auf den lich-ten Höh'n
Und wo man Got-tes Lieb und Treu'
Wir jauch-zen hir ent-ge-gen: Heil!

Der Al-le-rein-der Chor sich freut:
Ent-zückt in ew', ger Luft be-singt?
Mit Dank-bar-keit und Froh-ge-fühl.

keit;
Klingt,
Ziel!

Voller Chor.

Das schöne Land ist uns bekannt,   Es ist des Christen Va-ter-land.

Das schö-ne Land   ist uns bekannt, es ist des   Chri-sten   ...ten

(40)

41. Der rechte Muth.

Munter.

D. B. W.

1. Die De=muth ist der rech=te Muth, Die zwinget kei=ne Welt; Denn weil mit Gott sie Al=les thut und
2. Vor Hoch=muth und vor Uebermuth Schütz mich Gott ü=ber=all, Denn stolzes Blut und ho=her Sinn, Mit
3. Die Großmuth ist der rechte Muth; Wohl dem, der sie stets übt! Und Sanftmuth auch, die fromm u. rein Zn
4. Den Kleinmuth halte von mir fern, Mein Gott, zu je=der Zeit; Der zagt, als ob es keinen Herrn Zm
5. Den Wankelmuth, Herr, bitt ich sehr, Laß fremd der See=le sein, Der, wie ein Kahn auf off=nem Meer, Vom
6. Gib festen Sinn und starken Muth, Daß Nichts mich dir entführt, Ein Herz, das treu im Glauben steht, Und

im=mer steht auf ih=rer Hut, Wird sie nie=mals ge=fällt, Wird sie nie=mals ge=fällt.
ihrer Sucht nach Welt=ge=winn, Die kom=men bald zu Fall, Die kom=men bald zu Fall.
Die be=wirkt, und Gott al=lein, Zu die=nen sich er=gibt, Zu die=nen sich er=gibt.
Himmel gäb'—, als ob kein Stern Mehr leuch=te weit und breit, Mehr leuch=te weit und breit.
Wind ge=trie=ben hin und her, In Un=glück stürzt hin=ein, In Un=glück stürzt hin=ein.
stets im Wa=chen und Ge=bet, Ver=traut und fol=get dir, Ver=traut und fol=get dir.

(41)

42. Jesus mein Heil.

Musik von J. W. Biermann.

1. Je = sus mein Heil,
2. Freu = de der Welt,
3. Plötz = lich zer = fällt

Je = sus mein Theil,
Manchem ge = fällt,
Eh = re der Welt,

Je = sus mein Schatz und mein Frie = den!
Ich will d'rum Nie = mand be = nei = den.
Ti = tel sind Ti = tel und Kro = ne.

Hab' ich den Herrn, Ent = behr = re ich gern,
Nen = ne nie ich mein,
Doch das ist Ehr',

Nur Je = sum al = lein,
Wenn ein = st mich mein Herr,

Ir = di = sche Schä = tze hie = nie = den,
Rauch, ich voll himm = li = scher Freu = den,
Als sein Kind grü = ßet am Thro = ne.

Chor.

Ir = di = sche Schä = tze sind
Ir = di = sche Freu = den sind
Ir = di = sche Eh = re ist

eit = ler Tand,
eit = ler Tand,
eit = ler Tand,

Himm = li = sche Schä = tze nur ha = ben Be = stand,
Himm = li = sche Freu = den nur ha = ben Be = stand,
Himm = li = sche Eh = re al = lein hat Be = stand.

(42)

Jesus mein Heil.
(Schluß.)

Himm-li-sche Schä-tze nur ha-ben Be-stand, Nur ha-ben Bestand.
Himm-li-sche Freuden nur ha-ben Be-stand, Nur ha-ben Bestand.
Himm-li-sche Eh-re al-lein hat Be-stand, Al-lein hat Bestand.

Himm-li-sche Schä-tze nur
Himm-li-sche Freu-en nur
Himm-li-sche Eh- re al-

43. Hüte dich vor böser Gesellschaft.

Besser allein, ist es zu sein,
Als in Gesellschaft der Bösen;
Drum hab' ich mir Jesum hinfür
Stets zum Begleiter erlesen.
Besser zufrieden mit Jesu allein,
Als mit der Welt und der Sünde sich freu'n,
Der Sünde sich freu'n

Sei auf der Hut, prüfe was gut,
Und was die Bibel gebietet.
Bete zum Herrn, welcher dich gern
Vor der Verführung behütet,
Wenn du entschieden, mit redlichem Sinn,
Dich seiner Leitung und Gnade gibst hin—
Und Gnade gibst hin.

M. H.

44. Friedfertigkeit.

Friede ernährt, Hader verzehrt,
Selig wer friedfertig wandelt!
Wer allzeit, mit Freudigkeit,
Friedfertig redet und handelt!
Besser friedfertig im dürftigen Kleid,
Als auf dem Throne in Hader und Streit,
In Hader und Streit.

Ehre der Welt, Reichthum und Geld
Kann dir den Frieden nicht geben:
Jesus allein schenket dir ein,
Himmlischen Frieden und Leben;
Wohnt Gottes Friede im Haus und im Herz,
Fühlt man den Himmel, trotz Mühe und Schmerz,
Trotz Mühe und Schmerz.

M. H.

45. Komm heute noch.
Nach einer französischen Melodie.

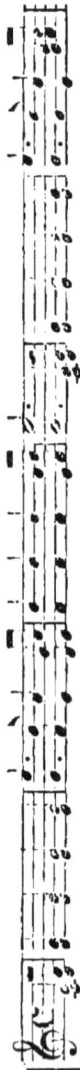

1. Was hält dich denn so lan = ge ab, Ein Kind des Herrn zu sein, Zu neh=men dei=nen Pilger=stab Und
2. Hast du es in der Welt denn gut, Kannst du zu=frie=den sein? Was macht dich denn, wie Jesu Blut, So

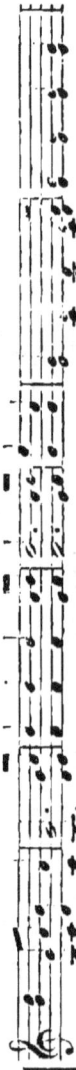

fröh=lich im Ver=ein Mit Got=tes Volk vor=an Zu=ziehn nach Ca=na=an. Das Le=bens=buch ist
glück=lich und so rein? Die Welt, sie hat nur Müh', Mit Kum=mer loh=net sie, In Je=su nur ist

of=fen noch, Dein Heiland har=ret dein, Komm heu=te noch, komm heute noch, Schreib deinen Namen ein!
Se=lig=keit Und Jesus har=ret dein, Komm heu=te noch, es eilt die Zeit, Eh' es zu spät mag sein.

(44)

46. Thätigkeit.

Nicht zu schnell.

1. Auf, der Kranz des Le-bens ist, Nur ge-webt aus Stun-den; Ei-le, denn die
2. Stre-te, rin-ge, sei be-reit! thun heißt te-ben; Fol-ge Je-su
3. Je-sus hat dir auf-ge-than Seiner Gna-den Pfor-te, Und sein Sin-ger

tur-ze Frist Ist so halb ver-schwun-den.
je-de Zeit Er wird Gna-de ge-ben.
schrieb dar an Mah-nend die-se Wor-te:

Wohl dem Herz, das Glau-ben übt
Mach dich auf und wer-be Frucht,
Schaf-fe dei-ne Se-lig-keit,

Nur der Zweig, der Früch-te giebt, Haf-tet an der Re-be.
Je-sus lebt, auch du sollst nicht, Un-ter To-ten Blei-ben.
Wa-che be-te, sei be-reit, Willst du mich einst schauen.

(47)

47. Selge warten auf uns dort.

Mit Erlaubniß aus "Brilliant."

1. Grü = ßen im Lan = de der e = wi = gen Freu = den, Winkt uns der Heiland seg = nend zu,
2. Dort warten Freunde, uns froh zu be = grü = ßen, Die wir ge = kannt auf Er = den schon,
3. O, daß bereit wir doch al = le = sammt wä = ren, Je = sum zu schauen dort im Licht!

Glück = lich will er uns hin = ü = ber = ge = lei = ten, Mit dem sel = gen En = geln in die Ruh,
Die nun des Him = mels Won = ne ge = nie = ßen, Schauen prei = send das Lamm auf dem Thron,
Ihn in e = wi = ger Luft zu ver = eh = ren — O, prüfe sich Je = des, sind wir's nicht?

Chor.

Sel' = ge war = ten auf uns dort,

Sel' = ge war = ten auf uns dort, warten auf uns dort, In dem Frie = dens = land, dem sel' = gen Ort

Sel' = ge war = te = ten, Frie = dens = land, dem sel' = gen Ort

(46)

(Schluß.)

Ja sie war=ten auf uns dort, In dem Frie=dens=land, dem sel'=gen Ort.

An dem Per=len=thor sie warten dort, In dem Frie = dens = Land, dem sel'gen Ort.

48. Ein naher Freund.

1. Sind die Tage trüb und dunkel,
Und das Herz von Sorgen schwer;
Einer ist's, der sieht dich freundlich
Und verläßt dich nimmermehr.
Heit're Mienen, frohe Herzen
Machen dich oft glücklich hier;
Doch ist noch so klar der Himmel,
Brechen Wolken bald herfür.

Chor. Doch ein Freund verläßt dich nie,
Er verläßt dich nie—jage, jage nie;
Ja, ein Freund verläßt dich nie—jage nie,
Er verläßt dich nie—jage nie.

2. Deine Aussicht ist viel heller,
Wenn das Herz ist wieder leicht;

Und die Zeit geht schnell vorüber,
Wenn die dunkle Wolke weicht.
Mancher Tag hat schön begonnen,
Vögel sangen hell und klar,
Und doch ward es trüb und dunkel,
Eh' die Sonn im Mittag war.

3. Doch bald folgt ein schön'rer Morgen
In dem Land der Seligkeit;
Singen wird man dann, statt seufzen,
Weichen muß die Traurigkeit.
Eine Welt voll Herrlichkeiten,
Wo die Freude ewig währt,
Wird bereinst von unserm Vater
In dem Himmel uns beschert.

(Melodie in "Golden Chain," Seite 106.)
(47)

W. Horn. Gemäßigt.

49. Himmlischer Sinn.

1. Al = les, was ir = disch ist,
   A = ber, was himmlisch ist,
   Welkt und ver = geht,
   Bleibt und be = steht;
   Drum rich = te him = mel = wärts

2. Vorwärts und auf = wärts soll
   Herz, weih' dich sie = be = voll
   die Loo = sung sein!
   Je = sum al = lein.
   Luft, die mit Lieb er = füllt,

3. Hal = te ge = dul = dig still!
   Wa = che, bet' und er = füll'
   Wand = le im Licht!
   Treu dei = ne Pflicht!
   Wird's auch oft trü = be Nacht,

Stets dich mein seh = nend Herz! Welt = sinn macht dir nur Schmerz, Welt = lust ver = geht!

Die aus dem Him = mel quillt, Bald wird dein Wunsch ge = stillt, Dro = ben zu sein.

Glau = be nur un = ver = zagt; Bald stracht in neu = er Pracht, Der Son = ne Licht.

W. Horn.

J. W. Biermann.

50. Geistliches Kampflied.

Marschartig.

1. Wir steh'n ver-eint im Dienst des Herrn, / Wir sol-len ge-gen uns'-rem Feld-herrn gern, Vorwärts! Marsch! / Vorwärts! Marsch! Der Feld-herr heißt Im-

2. Wir käm-pfen ge-gen Sünd und Welt, / Bis je-der Feind ge-schla-gen fällt, Vorwärts! Marsch! / Vorwärts! Marsch! Mit Gott vor-an, dann

3. So oft er tönt Com-man-do-wort: / Steh'n wir in Reih' und Glied so fort, Vorwärts! Marsch! / Vorwärts! Marsch! Und vor-wär-ten zu dem

4. Und heißt es einst zum letz-ten Mal: / Zieh' heim aus die-sem Thrä-nen-thal, Vorwärts! Marsch! / Vorwärts! Marsch! So zieh'n wir fröh-lich

ma-nu-el, Er führt uns gut, er führt uns schnell Zum Sieg vor-an, zum Sieg vor-an.

hat's nicht Noth, Und geht's auf Leben, oder Tod, Wir twei-chen nicht, wir twei-chen nicht!

Feldzugsplan, Stets ta-pfe-re Re-kru-ten an, Für un-sern Herrn, Für un-sern Herrn,

sieges-be-wußt, Voll Dank-ge-fühl und Himmels-lust, Zur Ru-he heim, zur Ru-he heim.

(49)

51. Kehre wieder!

K. J. Ph. Spitta.

Herzlich.

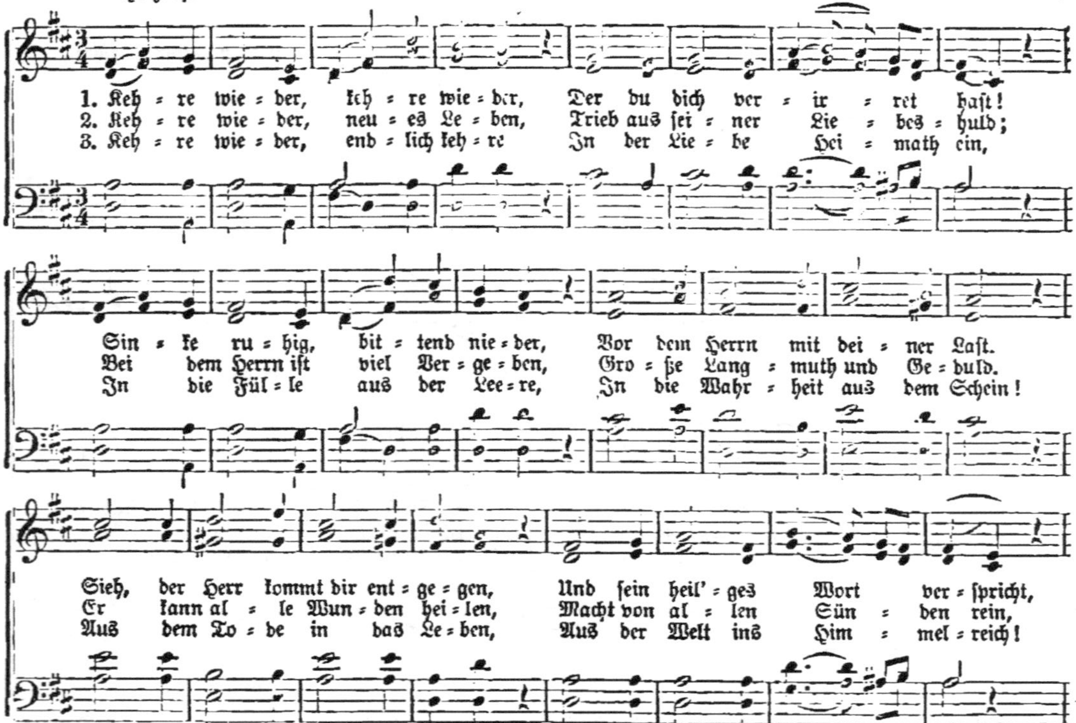

Dir - Bar - ge - Fung, Heil und Se - gen.
Dar - um Keh - re re oh - ne Wei - len,
Doch, was Gott dir heut' will ge - ben,

Keh - re wie - der, zaub' - re nicht!
Zu ihm um und bet ihm ein,
Nimmt auch heu - te - re Keh - re gleich!

52. Das ewige Lied.

Weißt du, was die Blumen flüstern,
Weht ein Lüftchen b'rüber hin?
Weißt du, was die Quellen singen,
Wenn sie durch die Thäler zieh'n?

Weißt du, was in Lüften klinget,
Lauschet still dein trunk'nes Ohr?
Was sich frohe Vögel singen
In der Luft, im Walde vor?

Weißt du, was die Sterne sprechen
Einsam in der heil'gen Nacht?
Weißt du, was dann für ein Sehnen
Dir in tiefer Brust erwacht?

Ach, es ist der Geist der Liebe,
Der durch Erd' und Himmel zieht:
Von der ew'gen Liebe klinget
Durch die Welt das ew'ge Lied!

(Christian Böhmer.)

53. Pfingstmorgen.

Licht ist aus dem Licht geboren,
Fröhlich jauchzet meine Brust,
Droben an des Himmels Thoren
Glüht es wie in Siegeslust.

Und die Nacht ist überwunden,
Morgenglanz ist aufgewacht;
Was die Finsterniß gebunden,
Hat der Morgen frei gemacht.

Meine Hütte steht auf Erden,
Sehnend öffn' ich ihre Thür;
Laß sie morgenhelle werden,
Glanz des Herrn, geh' ein zu ihr!

Thau der Gnade, Geist voll Frieden!
Der ein ew'ger Tröster heißt,
Leuchte in der Nacht hienieden,
Senke dich in meinen Geist!

(Die Verborgene.)

(51)

54. Lasst uns Jesu folgen.

1. Laßt uns Je=su fol = gen, der sich für uns gab, Nim=mer ihn ver = las = sen, bis ans Küh = le Grab.
2. Laßt uns Je=su fol = gen, tra=gen gern das Kreuz, Al = les sonst ver = las = sen, al = len eit = len Reiz.

Nach vollbrachtem Lei=den flieg er auf zu Gott, Und be = sieg = te für uns Sün=de, Höll und Tod.
Er trug uns' = re Schulden selbst am Kreuzesstamm? Drum so prei = set Al = le Je = sus Gottes Lamm.

Laßt uns ihm nur fol = gen nach dem Mon=ne=land, Wo schon mancher Pil = ger sü = ße Ru = he fand.
Laßt uns Je = su fol = gen, nur ge = trost vor=an, End=lich kommt man sicher dort am Zie = le an.

Lasst uns Jesu folgen.

(Schluß.)

Chor.

Er hat ei = ne Woh=nung für uns dort be = reit,
In dem schö=nen Lan=de ew' = ger Se = lig = keit,

Laßt uns Je=su fol = gen in der Gna=den=zeit.
Bis wir ihn dort schau=en in der Se = lig = keit.

Dort sind

tunt = le Er=ben=thal
bunt=le Er=ben=thal
Erdenthal, laßt uns folgen Je=su hin zum Him=mels=saal Himmelssaal

Woh = nun=gen be=reit
nun=gen be=reit

Woh.nun=gen be=reit
sind be=reit, Le=bens=kro=nen in dem Land der Se=lig=keit, Se=lig=keit.

(53)

55. Ich bin erlöst.

Mit Erlaubniß aus "Songs of Faith."

1. Ge = lo = bet seist du, Got = tes=lamm, Der mich zu ret = ten starb, Auf Gol=ga = tha am
2. Drum fing ich bir mit Herz und Mund, Herr, mei nes Le = bens Luft, Ich fing und mach auf
3. Ich weiß, daß du der Born der Gnad', Und ew' = ge Quelle bist, Der ew' = ge Le = bens=

Chor.

F.

Kreuzesstamm, Und Leben mir er = warb.
Er=den Fund, Was du, Herr, Großes thust. Ich bin er = löst, Ich bin er=
füll = le hat, Die uns aus dir zu fließt.

Ich bin er = löst, Ich bin er = löst, Ich bin erlöst

löst, Ich bin er = löst, Ich bin er = löst, Er=
Ich bin erlöst

(54)

Ich bin erlöst.

56. O wonnevolle, selge Zeit.

1. O wonnevolle, selge Zeit,
Da ich mein Herz dem Herrn geweiht,
Kommt Alle her von nah und fern!
Mein Herze jauchzt und sagt's so gern.

2. O wundervolles schönes Land,
Mich hält des treuen Heilands Hand,
Mich sieht kein Aug', mich hört sein Ohr,
Wenn im Gebet ich schau empor.

3. Es ist vollbracht! Ich bin nun sein,
Und—welche Liebe!—Er ist mein!
Kommt, stimmt mit mir ein Danklied an,
Daß Jedermann es hören kann.

4. Mein Herz, weich nicht mehr von ihm ab,
Bleib Jesu treu bis an das Grab,
So bleibt er dein, hier in der Zeit,
Ja dein in alle Ewigkeit!

(55)

Mit Erlaubniß von
J. P. Jenney.

A. Knapp.

57. Vorwärts und Aufwärts!

1. Herz, mein Herz, laß ab zu za=gen! Was be=trübst du dich so sehr?
2. Laß die Er = be? Nimm die Schwingen! Hier ist dei = ne Hei=math nicht!
3. O, was strö=met dort die Son = ne, Ue = ber mich für Le = ben aus!
4. Tragt mich ü = ber Thal und Hü = gel, Ue = ber Lust und Weh der Zeit,

Wen des Glaub ns Flü=gel
Vorwärts, aufwärts mußt du
Und es schwimmt mein Herz in
Tragt mich kühn, ihr Glaubens=

Chor.

tra=gen, Weiß von kei=nem Kummer mehr.
bringen, Bis vor Got=tes An = ge = sicht
Won=ne, Und es fühlt sich froh zu Haus.
flü=gel, In das Land der Herr=lich=keit

Die Welt hat nur Kla=gen, im Him = mel al = lein, im

Him = mel al = lein

al lein, al=lein

Him=mel,

Wird e = wi=ge Freu=de und Se=lig=keit sein, wird sein, ja wird

wird sein

(56)

Vorwärts und Aufwärts!
(Schluß.)

Wird e = wi = ge Freu=de und See=lig=keit sein, und See=lig=keit sein, se=lig sein.

ja wird sein

se=lig sein.

W. Horn.
Gefühlvoll.

.D. B. W.

58. Glaube, Hoffnung und Liebe.

1. Him=mel=wärts,
2. Him=mel=wärts,
3. Him=mel=wärts,

Nich=te glau=bend dich mein Herz!
Nich=te hof = send dich mein Herz!
Nich=te lie = bend dich mein Herz!

Trau=e dei=nes Hei = lands
Scheint's auch trübe heut und
O daß stets dein Wahl=spruch

hält er ge = wiß!
der Sonne Licht!
dich Se = lig = keit!

wiß!
Licht!
keit!

1.st. V 2nd.

Wor=te, Fel=sen=fest an je=dem Or = te, Was er sagt, hält er ge = wiß!
bun=tel, Morgen strahlt mit Glanzgefunkel, Wie=der neu der Sonne Licht!
Lie=be: "Der am Kreuz ist meine Liebe!" Dann um=fließt dich Se=lig=keit!

(57)

Nach dem Engl. v. J. J.

59. „Hier" und „Dort."

Mit Erlaubniß aus "Welcome."

1. Wenn die Re=bel die=fer Erden, Sind vom etw'gen Licht berschpeucht, Wenn ber=einst in je=nem Le=ben,
2. Hier auf die=fer ar=men Er=de, Sind wir Menschen oft so blind, Daß uns Gottes Wun=der=we=ge,
3. Hier auf Er=den sind Ge=lieb=te, Oft ge=trennt in wei=ter Fern. A=ber dort im Land der Ru=he,
4. Dort wird man vor allen Dingen, Unf'res Got=tes Ant=litz feh'n, Lob und Dank ihm e=wig brin=gen,

Al=ler Kummer e=wig schweigt, Welche Freude, welche Won=ne, Wird uns banner=fül=len dort, Wo die
Hier nach un=s be=greiflich sind. A=ber dort in je=nem Le=ben, Wird uns Al=les son=nen=klar, Al=le
Sind sie all' ver=eint im Herrn. Dort in jenem fel=gen Lan=de, Sin=det kei=ne Tren=nung statt, Wieber=
Für das Heil an uns geschch'n. O die Luft an Got=tes Herzen, E=wig=lich sich dann erfreu'n. Und he=

Chor.

Strah=len je=ner Son=ne Uns er=qui=den fort und fort. Zu dem Glanz der Herr=lich=
unf' re Er=den=dunkel Macht der Herr uns of=fen=bar.
sch'n und ew'=ge Freude Folgt auf unf're Thrä=nen=saat. Zu dem Glanz
freit von Noth u. Schmerzen, E=wig bei dem Herrn zu fein.

„Hier“ und „Dort.“

(Schluß.)

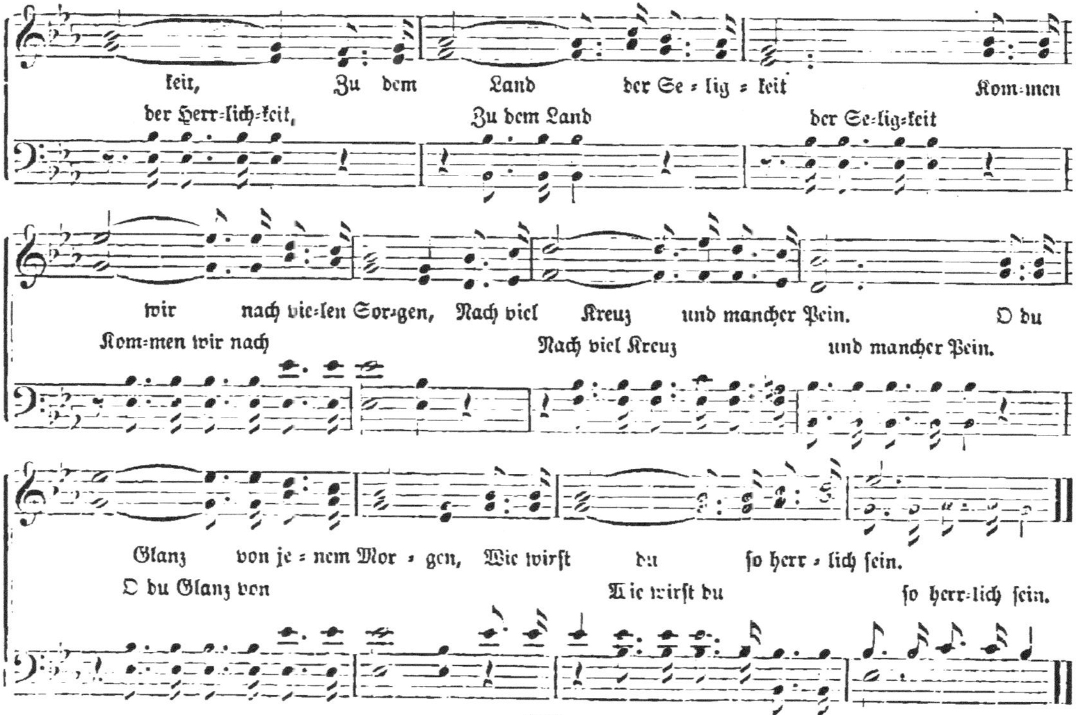

60. Ergebung.

Mit Erlaubniß aus "Notes of Joy."

1. Der A-bel mei-ner See-le Sei der: Ich lie-be Gott! Die Pflicht, die ich mir
2. Kein Tag geh' mir vor ü-ber, Der Gott nicht wohl-ge-fällt, Die Wahr-heit sei mir nur
3. Dem Hei-land ganz zu le-ben, Wor sei-nem An-ge-sicht, Dem Hei-land sich er-
4. Laß Ba-ter mei-nes Le-bens, Dem Christen-thun mich weih'n! Dann leb' ich nicht ver-

wäh-le: Ge-hor-sam ge-gen Gott.
lie-ber, Als Al-les in der Welt.
ge-ben, Mehr Würde hat man nicht.
ge-bens, Bin werth, ein Mensch zu sein.

Chor.

Herr, lehr' mich dich zu lie-ben Und
dir ge-hor-sam sein, lie-ben, lie-ben, dich lie-ben ganz al-lein.

(64)

61. Aufblick zum Herrn.

1. Ich blick in je - ne
2. Die Welt, in der ich
3. Drum Zwei - land, ach ich

Hö - he,
le - be,
bit - te,

Wo ich mein Klei - nod
Gibt mir ge - schminkt - ten
Ent - rei - ße mich doch

hab',
Staub.
ihr!

Das Land, wor -
Mein Leib, den
Mein Geist, in

auf ich
ihr ge -
sei - ner

sie - he,
ge - be,
Hüt - te,

Ist nichts,
Wird halb
Ge - bricht,

als
des
sehnt sich

einst mein
To - des
nach

Grab,
Raub,
dir.

Das Land, wor - auf ich
Mein Leib, den ihr
Mein Geist, in

4. Du bist's, auf den ich blicke,
   Zur Ewigkeit mein Licht;
   :: Der Erde Reiz verrücke
   Mir diese Aussicht nicht. ::

5. Ich hab' sonst keine Sonne,
   Die mir zum Himmel scheint;
   :: Such ich wo anders Wonne,
   So bin ich selbst mein Feind! ::

Fr. u. T. Laubniß von
Wm. G. Fischer.

62. Glücklich in dem Herrn.

1. Je = fus ſtarb auch mir zu gut Und vergoß ſein theures Blut, In ihm meine Seele ruht Glücklich, froh und
2. Unſre Herzen brin=gen wir, Liebſter Heiland, ganz zu dir, Wohne d'rin, du See=lenzier, Jeſus nur al=
3. Wenn wir nach erfüllter Pflicht, Je=ſus, unſre Zuverſicht! Dich dort ſchau'n im ew'gen Licht, Wieder Seel'gen

frei, Er bezahl=te meine Schuld, Hüll=te mich in ſei=ne Huld, Leit=e=te mich mit Ge=duld Gut und treu.
lein! Gib uns Licht und Kraft d'rein, Un=ſern Glau=ben meh=ren, Unſre Hoff=nung, unſre Ruh, So willſt du ſein!
Schaar, Schalle dir aus heil'gem Drang Ewig unſer Preisgeſang, Unſers Herzens Lob u. Dank Immerdar!

Chor.

O, ſo ſingt aus voller Bruſt, Glücklich, glücklich in dem Herrn! Enget, preiſet, lobt mit Luſt Freudig unſern Herrn.

(62)

Mit Erlaubniß des Garrigues Bros.

B. Horn.

63. Die goldene Regel.

Einzelne. Alle. Chor.

1. Was uns un=ser Heiland leh=ret, Durch sein Wort, mer=ket nun:
2. Was von An=dern ihr be=geh=ret, Erb be=reit, sie's zu thun.
3. Sa=get nie=mals un=ge=dul=dig: "Wie du mir, so ich dir!"
4. Zu ver=zei=hen Dem, der schul=dig, Erb be=reit für und für.
   Je=sus seg=net, die ihm fu=chen, Und zu thun, so wie er.
   Laßt uns ihm zu fol=gen fu=chen, Und zu thun, er ver=gitt,
   "Mein ist," spricht der Herr, "die Ra=che." Er ist Gott, er ver=gitt,
   Zu ver=zeih'n, ist uns=re Sa=che, Lieb=er=fällt, sanftund mild.

Re=gel, Je=su sagt es: "Wie ihr wollt, daß der Näch=ste euch behan=delt, Ihr auch ihn behandeln sollt." Ja, so lehrt die gold=ne

64. Danklied.

1. Preist den Herrn mit Herz und Munde,
   Der uns liebt, herzlich liebt,
   Und im frohen Kinderbunde
   Uns so viel Gutes giebt.

2. Dankt dem Herrn, laßt Lieder schallen!
   Was er spricht, er nie bricht,

Berge weichen, Hügel fallen,
Aber sein Bund doch nicht.

3. Er versprach's, er kann nicht lügen,
   Steigt zu ihm Dank empor!
   Ja, wenn alle andern schwiegen,
   Preis' ihn doch Kinderchor!

Nach dem Engl. v. S. S.

65. Den Himmel im Herzen.

1. Wir wal-len ge-trost auf dem Pil-ger-pfad hin, Und hal-ten die himm-li-sche
2. Den Him-mel im Her-zen, was noch, Gibt's eit auch zu tra-gen ein
3. Ob hef-ti-ge Stür-me oft krau-sen da-her, Gält uns auch die Rei-he be-
4. Durch Küm-pfe und Ro-sen hilf, Je-su, zu geh'n, Bis wir bort im Hum-mel dich

Hei-math im Sinn, Schon winkt uns die gol-de-ne Kro-ne vor: fern, Drum
breit-den des Joch, Wir wei-fen, durch Freu-den und Lei-den all hier, Geht
bent-lich und schwer, den doch nim-mer vom Kreu-ze des Herrn, Wir
e-wig einst sehn, Da flieh' uns zur Sei-te im hei-li-gen Herr-Krieg, Ber-

Chor.

ei-len wir vor-wärts und lo-ben den Herrn,
es ja fier-s wei-ter zum fer-gen Re-bier,
lei-ten ge-dul-dig und fol-gen ihm gern,
hilf uns harm-end-lich zum e-wi-gen Sieg.

Lo-bet den Herrn,

(64)

Den Himmel im Herzen.
(Schluß.)

Lo = ket den Herrn. Wir ei = len froß vor = wärts und so = ben den Herrn!

66. Lasset eure Lichter brennen.

(Nach dem Engl. v. W. Horn.)

1. Lichthell strahlt des Ew'gen Gnade
   Wie ein Leuchtthurm auf dem Meer;
   Gottes Kinder sind die Lichter
   Strahlend an dem Ufer her.

Chor. Lasset eure Lichter brennen,
   Manchem Schiffer sturmbedroht,
   Mög't ihr sein ein Rettungsengel
   In der Zeit der größen Noth.

2. Dunkel ist die Nacht der Sünde,
   Hör, der Wogen dumpf Gerell!
   Nach dem hellen Uferlichte
   Blickt manch Auge sehnsuchtsvoll.

3. Schmücke deine Lampe, Bruder!
   Mancher Seemann müd und bang,
   Nach dem Friedenshafen strebend,
   Strandet sonst im Wogendrang.

(Melodie in "Gospel Hymns," Seite 65.)
5

67. Bekenne deinen Heiland.

1. Fürchte nimmer, Jesum zu bekennen—
   Denk', wie viel sein Wort vermag,
   Fürchte niemals, Jesum dein zu nennen,
   Der dich liebet Tag für Tag.

Chor. Fürchte nimmermehr,
   Fürchte nimmermehr,
   Nimmer, nimmer, nimmer;
   Jesus ist dein lieber Heiland,
   Darum fürchte nimmermehr.

2. Fürchte nimmer, Jesu treu zu dienen
   In dem Weinberg Tag für Tag;
   Diene gern mit willig frohen Mienen
   Ihm, der Alles wohl vermag.

3. Fürchte niemals, gern für ihn zu tragen
   Schmerz, Verachtung, Spott und Hohn;
   Sei geduldig unter allen Plagen,
   Jesus trug sie alle schon.

(Melodie in "Golden Censer," Seite 20.)

(65)

68. Das Glaubensschifflein.

Chor. T. N. M.

1. Es brauft und tobt und stürmt die See,
   Da wird's der See=le angst und weh,
2. Und deck=te auch die mil=de Fluth,
3. Und schweigt er dir und schläft er noch —
4. Er=sieht im Her=zen still und mild,
5. Herr Je=su, bleibst du mir an Bord,
   Beim Sonnenschein ganz fröhlich fort,

Es schwankt das schwache Boot,
In schwe=rer Sturmesnoth.
Das schwa=che Schifflein schier.
Herr hilfst sonst hin=den wir.
Halt an und ruf mit Macht;
Ist nie zu spät er=wacht;
Die himmli=sche Ge=stalt,
Sein Sturm und Unruh hast.
Und ich auf eb=ner Bahn,
Im Port des Frie=dens an.

Nur im = mer un = ber=

Wohlbem der's freudig wagt
der's freudig wagt,
jagt!
Nur unverzagt,

Wenn Jesus nur im Schifflein ruht, Erschreckt uns nicht die Fluth.

69. Nur getrost.

1. Wohl auf, mein Herze! sing' und spring',
   Und habe guten Muth;
   Dein Gott, der Urfprung aller Ding',
   Ift selbft und bleibt dein Gut.

2. Er ift dein Schat, dein Erb' und Theil,
   Dein Glanz und Freudenlicht,
   Dein Schirm und Schild, dein Hort und Heil,
   Schafft Rath und läßt dich nicht.

(66)

70. Der Segensgang.

Langsam und gefühlvoll.

Bearbeitet nach einer beliebten
Melodie von J. W. W.

1. Ich ging in der Stille am kühlenden Bach, Und dachte der Huld meines Heilandes nach.
2. Mir schwebte vor Augen holdselig und mild, Der Freund meiner Seele im blutigen Bild:
3. Ich fühlte, wie Jesus, mein Alles, mein Freund, Sich zu mir her nahte, wie gut er es meint;
4. Dann schenkt er mir reichlich vom Gnadenquell ein; Dann nahm er mein Herz in sein Herz ze hinein;
5. So hat sich mein Jesus mit mir nun vertraut, Mein Herz ist zum Tempel und Wohnung erbaut;
6. Die Welt, sie mag spotten, sie kann mir Nichts thun, In Jesu kann ich nun recht selig ruhn;
7. O selig, o selig, wer Jesum besennt, Wer ihn seinen Heiland mit Herz und Mund nennt,

Da ward mir im Herzen so weh und so wohl, Da stand ben die Augen von Thränen mir voll,
Da knieets ich Sünder vorm Heiland hin, Und hat, mir zu schenken ein neu Herz und Sinn,
Er legte die Hand auf mein jammervoll Herz, Befreite mich gnädig von Jammer und Schmerz.
Die Freistadt der Wunden ward mir aufgethan, Das Kleid seiner Unschuld auch legt' er mir an.
Nun fühl' ich erst, was ich für Sorgen u. Müh'n, Für Arbeit gemacht ihm, mich zu sich zu zieh'n.
Wer Jesum zum Freunde hat, dem ist stets wohl, Wenn gleich die Welt arg ist und Satans List voll.
Der wird einst von Jesu ein Erbe genannt, Wenn er die Ungläub'gen zur Hölle verdammt.

71. Das Gebet des Herrn.

C. A. Tiedge.

J. M. Siedmann.

1. Va=ter un=ser, der du dro=ben Woh=nest, ü=ber Welt und Zeit, Laß dein
   Im=mer=mü=de trös=ten hier hier Lo=ben, Dei=nes Na=mens Herr=lich=keit.
2. Nö=ge nie, o nie=ge=bens, Zu uns spre=chen dein Ge=bot! Laß dem
   Und für je=den Tag des Le=bens Gib uns un=ser täg=lich Brod!
3. Laß im Kampf der Leidenschaften, Wenn mit uns das Bö=se fe ringt,
   Nicht an Ue=bel haf=ten, Das uns um den Him=mel bringt! Möge stets

Reich, das für den From=men He=giunt, Hier auf Er=ben schon ke=giunt, Daß es zu uns Al=len
Fie=dens=sinn uns frei=ben, Daß wir, mit ver=söhn=tem Geist, Un=sern Schul=di=gern ver=
dein Wort uns leit=ten, Durch die bös' und gu=te Zeit; Dein ist ja das Reich der

From=men, Daß wir hei=ne hei=ne Ein=ber find, bab wir hei=ne Ein=ber find.
zei=ben, Wie du un=s're un=f're Schuld ver=gibst, - frei du un=f're Schuld ver=gibst!
Zei=ten, Macht und Kraft und Kraft und Macht und Kraft und Herr=lich=keit.

(65)

72. Der Herr hat Alles wohlgemacht.

J. W. Biermann.

1. Der Herr hat Al-les herr-lich ist er wohl-ge-macht! Das zeigt des Him-mels schö-ne Pracht; Wie herr-lich, herr-lich, Meer und Land.
2. Der Hei-land frei-nen auf'-ger Gott, Macht frei-ner Fein-de Grimm zu Spott, Bleibt fröh-lich, fröh-lich, reich und frei.
3. Er sen-bet frei-nen beil-gen Geist, Daß er uns Kraft und Bei-stand leist'; Er geh'n auf rech-ter Bahn, auf Bahn.
4. Drum laßt uns fin-gen Tag und Nacht: Der Herr hat Al-les wohl-ge-macht! Aus frei von Sünd und Schuld, und Schuld.

seg-net macht uns fröh-lich, macht uns fröh-lich, daß wir geh'n auf rech-ter Bahn, daß wir geh'n auf sind nun frei von Sünd und Schuld, sind nun frei von

Meer und Land, reich und frei, rech-ter Bahn, Sünd und Schuld, wir

(73)

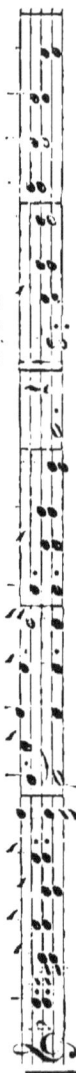

73. Auf dem sturmbewegten Meere.

Mit Erlaubniß aus „Pearl."

Steh'n bie die Ue-ber-win-ber schon, Und sie war-ten mit Ver-lan-gen, Uns zu lei-ten hin zum Thron.

74. Gebet um ein frommes Herz.

1. In mei-nen Zu-genb-jah-ren,
Dem Gu-ten und dem Bös-en,
So gib mir denn, o Va-ter,
Gei du stets mein Be-ra-ther,
Mich schü-he bei-ne Gna-be,
Daß auf der Tu-gend Pfa-de,

Soll ich schon se-lig sein,
Mit Leib und Seel' mich weih'n,
Ein Herz, das dich ver-ehrt,
Und mach mich recht gelehrt,
Vor Sünd' und Heu-che-lei,
Ich sol-ge dir ge-treu;

Er-zen, Troh Leiden und Be-schwerden, Mich mei-nes Got-tes freu'n, Mich meines Gottes freu'n,
Ein-nen, Und laß all mein Be-gin-nen, Ge-seg-net sein von dir, Ge-seg-net sein von dir,
schreiben, Laß mich durch Christi Lei-ben, Zum Him-mel ge-hen ein, Zum Himmel ge-hen ein.

Dann werd' ich schon auf
Er-leuch-te mei-ne
Und wenn ich einst soll

75. Nur in Unschuld freue dich.

J. M. Biermann.

1. Nur in Unschuld freue dich; Sündenfreuden bringen Schmerzen; Ihre Qual ist fürchterlich, Und sie
2. Wie die gift'ge Schlange sich, In dem Blumenbeet versteckt, Bis durch ihren Todesstich, Sie ihr
3. So hat sich schon manches Herz, In der Jugend schönen Zeiten, Durch des Leichtsinns eitlen Scherz, Und des

trifft ge=wiß die Her=zen,
O, hier hat er=schre=det,
Glei=sches Uep=pig=kei=ten,

Die sich hier der Sün=de freu'n, Da=rum müs=set ihr sie
Das sich nun ver=geb=lich müht, Daß es der Ge=fahr ent=
Um den Unschulds=kranz gebracht, Und gestürzt in Nacht und

Chor.

scheu'n! Ihr müßt die
flieht! Ihr müßt die
Ach!

Sün = de scheu'n, Ihr müßt die
Ihr müßt die Sün=de

Sün = de scheu'n, Ihr müßt die Sün=de

76. Freundliche Worte.

Nach einer französischen Melodie.

1. Die Frühlings-thau er-qui-cket Be-ge ein freund-li-ches Wort, Es tröstet uns so we-nig nützt doch oft so viel, Es schenkt auch halb die Wol-ken von trü-ber Stirn fort, ist dem Heiß-be-dräng-ten ein Lab-sal frisch und kühl,

2. Zum ar-men Kind am Wie-ge ein freund-li-cher Gruß, auch schon ei-ne Ga-be, wenn du sonst kei-ne haft, Und freund-li-che Er-muntrung dem wan-ken-den Gruß, Und wun-der-bar den Mü-ben und er-leich-tert die Last,

3. Ein Schlüs-sel, wie sonst kei-ner, der wun-der-bar schnell, all er-schlüeßet das Dun-kel er-hellt, Sind freund-li-che Wor-te ein lau-te-rer Quell, Stärkt Der be- frucht-end und la-bend ins trüb-te Herz fällt.

4. O ber geht nicht, ihr Wand'rer, nach himm-li-schem Wort, Es har-ren noch so vie-le auf dunk-lem Sün-den pfad, Sie war-ten so ber-lan-gend auf ein freund-li-ches Wort; O, laßt sie nicht ver-schmach-ten, gebt ih-nen Licht und Rath.

(73)

77. Christus, mein Alles.

J. M. B.

1. Mein Je=sus ist mein Le = ben, Mein Theil und mein Ge=winn, Drum will ich ihn er = he = ben, Weil
2. Mein Kö=nig und mein Hir=te, Mein Prie=ster und Al=tar, Mein O = pfer, meine Zier=de: Er

ich ihn Le=ben bin. Wenn er in mei=ner See = le Mit Gnaden wohnt und ruht, So kann's uns niemals
ist mein Al=les gar. Was ich nur kann ver=lan=gen, Hab ich in ihm al=lein Ge=fun=den und em-

Chor.

feh=len an ir = gend ei=nem Gut. Er ist die be = ste Ga = be, Und wenn ich ihn nur ha = be, So
pfangen, Drum kann ich fröhlich sein.

(74)

Christus, mein Alles.

(Schluß.)

reich, so bin ich reich, so bin ich reich,

bin ich reich, so bin ich reich,

reich, so bin ich reich, so

so bin ich reich, so

bin ich, bin ich ewig, ewig reich.

bin ich, bin ich ewig, ewig reich.

78. Die ewige Heimath.

1 In des Christen enge Heimath
Liegt das schöne Land der Ruh,
Das mein Heiland mir erkauft hat,
Und winkt mir so freundlich zu.

Chor. Dort ist Ruh für den Müden,
Dort ist Ruh für den Müden,
Dort ist Ruh für den Müden,
Dort ist Ruh für dich.

Auf der andern Seit' des Jordan,
In dem schönen Garten Eden,
Wo der Baum des Lebens blühet,
Dort ist Ruh für dich.

2. Er bereitet mir dort oben
Eine Wohnung, die besteht;
Wenn der Wechsel überleben,
Steht für, wenn die Welt vergeht.

3. Keine Krankheit die Schmerzen
Dringen je dort einen ein;
Alle guten frommen Herzen
Dürfen ewig sich erfreu'n.

(Melodie in "Golden Chain," Seite 36.)

79. Wollt ihr geh'n?

1. Ein herrliches Land vorhanden ist,
Ein Land, wo man die Ruh' genießt,
Der Schaar der Erlösten sel'ger Ort,
Und heilige Engel sind auch dort.

Chor. Wollt ihr geh'n? Wollt ihr geh'n?
Hin zu dem herrlichen Land mit mir?
Wollt ihr geh'n? Wollt ihr geh'n?
Hin zu dem herrlichen Land.

2. O herrliche Stadt, von Gott gemacht,
Dorthin wird bringen keine Nacht,
Die Herrlichkeit Gottes ist das Licht,
Und Gottes Lamm die Leuchte ist.

3. Im Geiste ich seh' die gold'ne Straß',
Durchs Perlenthor geht man hinein.
Der Lebensstrom fließt so rein und klar,
Und zwölferlei Früchte reicht man dar.

4. Das himmlische Heer, gekleid't in Weiß,
Bringt Ehre, Ruhm und Dank und Preis,
Mit Harfen von Gold, in hehren Ton,
Hochpreisend sie loben Gottes Sohn.

(Melodie in "Golden Chain," Seite 124.)

80. Gnade.

M. Horn.

Mit Erlaubniß aus "Notes of Joy."

1. Gnade, süßer Klang, Gnade, schönes Wort, Töne süßer hall mir im Herzen fort;
2. Gnade ist mein Trost, Gnade, ist mein Heil, Gnade ist mein Sieg, Gnade ist mein Theil,
3. Deine Gnade, Herr, süße mich mit Kraft, Zu besiegen stets Sünd' und Leidenschaft,

Es ist lauter Gnade, die mich täglich trägt, Sei es lauter Dank, was mein Herz bewegt,
Nur aus Gnaden hoff ich meine Seligkeit, Gnade ist's allein, was mein Herz erfreut,
Deine Gnade bleibe meines Schiffleins Hort, Bleibe mir im Sturm Anker immerfort.

(Bei Mangel einer guten Solostimme mag das Stück hier enden.)

Solo. Für Sopran oder Tenor.

Meines Heilands Gnade, o, wie so süß! Es ist lauter Gnade, was ich genieß.

(76)

Gnade.
(Schluß.)

Chor.

Sei es lau-ter Dank, was in mir re-get sich, Nichts, als Lob und Preis, Lob und Preis, e-wig-lich.

81. Ich bin des Herrn.

W. Horn.

1. Ich bin des Herrn, Ich bleib des Herrn, Nichts trennet un-sern Bund, Nichts trennet un-sern
2. Welch Heil's Heil, Ist nun mein Theil, Seit-dem ich Seit-dem ich Ie-sum fand, Ie-sum
3. Drum will ich sein Ge-hor-sam sein, Und sei-ner Und sei-ner Gna-de trau'n, Gna-de

Bund; Er lie-bet mich, Ihn lie-be ich, Von gan-zem Her-zens-grund, Von ganzem Herzens-grund.
fand; Er lei-tet mich, So vä-ter-lich An sei-ner An sei-ner treu-en Hand, treu-en Hand.
trau'n; An seiner Hand Durchs Prüfungsland, Führt er mich heim zum Schau'n, Führt er mich heim zum Schau'n.

J. W. Niemann.

Trilling.

1. Die De-muth ist so hold und rein,
2. Die Unschuld glänzt so weiß, so rein,
3. Die Sanftmuth knüpft das Grie-dens-band,
4. Die Ho-fe glüht im Son-nen-schein,
5. Des Himmel-blau-er Blüm-chens Licht,

Die höchste Zier-de je-der Tugend, Se-wohl des
Mit Huld aus See-len-vol-len Bli-den, Die Ei-nem
Sie man-delt halb den Haß der Feinde; Es bil-det
Ihr Purpur glän-zet in die Wei-te, Ihr Dufter-
Soll meinen Blu-men-strauß umglänzen, Ihn wie ein

Meters, als der Ju-gend; Ihr Bild muß wohl das Heil - Gen sein, Gen sein,
Herz und Geist erqui-cken; Ihr Bild muß die Mar-gif - fe sein, muß die Mar-gif - fe sein,
ab dem Kreis der Freunde; Der Viel-te Höch-nes Licht - ne wand, der Wel-te Licht - ge - wand,
für't bie Luft mit Freude; Sie soll das Bild der Sie - be sein, das Bild der Sie - be sein,
Li - a - b-in le - l-ngen; Das Blümchen heißt: Vergiß - mein nicht, es - heißt: Ver-giß - mein nicht!

Chor.

Ich möch-te mei-nem See-len-freund so gern ein Sträuß-lein bin - den, Ihr Lie-ben, die sein

Der Blumenstrauss.
(Schluss.)

Steht ver-eint, Helft mir die Blüm-lein fin-den, helft mir das Sträuß-lein bin-den.

D. A. M.

83. Kindlicher Gehorsam.

Mäßig geschwind.

1. Kinder! laßt ist euch be-leh-ren, Was euch Gottes Wort ge-beut, Was euch Gottes Wort ge-beut,
2. Liebe bringt euch großen Se-gen Schon in die-ser Gna-den-zeit, Schon in die-ser Gna-den-zeit,
3. Solches hat euch Gott ver-hei-ßen, Wenn ihr eu-re El-tern liebt; Wenn ihr eu-re El-tern liebt;

Das zweite Mal pp

Eure Eltern stets zu eh-ren Durch ge-treu-e Folg-sam-keit, Durch ge-treu-e Folg-sam-keit,
fördert euch auf Gottes Wegen Und be-schützt vor manchem Leid, Und be-schützt vor manchem Leid,
So geht ihr auf sicherm Pfade Bis ihr schaut sein An-ge-sicht, Bis ihr schaut sein An-ge-sicht.

(7)

84. In der Ruhe.

Mit Erlaubniß aus "Joyful Songs."

1. Geh' = ge in den Him = mels = höh'n, Har = ten auf uns heim zu geh'n, Wo die
2. O, wie se = lig find sie dort! In der schö = nen Ort, Währ = lich
3. Geh' = ge in den Him = mels = höh'n, Mich ber = langt auch hin = zu = geh'n, Nach dem

Him = mels = lüf = te mehr, In der Ruh;
Glück Be = stän = dig fort, In der Ruh;
Land so kraun = ber = schön, In der Ruh;

Ih = re Ar = beit ist voll =
Dort am schö = nen Himmels =
Je = su rich = te mei = nen

In der Ruh;

bracht Und ber = gan = gen ih = re Nacht, Wo die etw' = ge Son = ne lacht, In der Ruh.
thron, Ern = ten sie den Gna = den = lohn, Schauen Je = sum Got = tes = Sohn, In der Ruh.
Sinn, Nur nach je = nem Zie = le hin, Fröh = lich laß mich wei = ter zieh'n Hin zur Ruh.

In der Ruhe.

(Schluß.)

Chor.

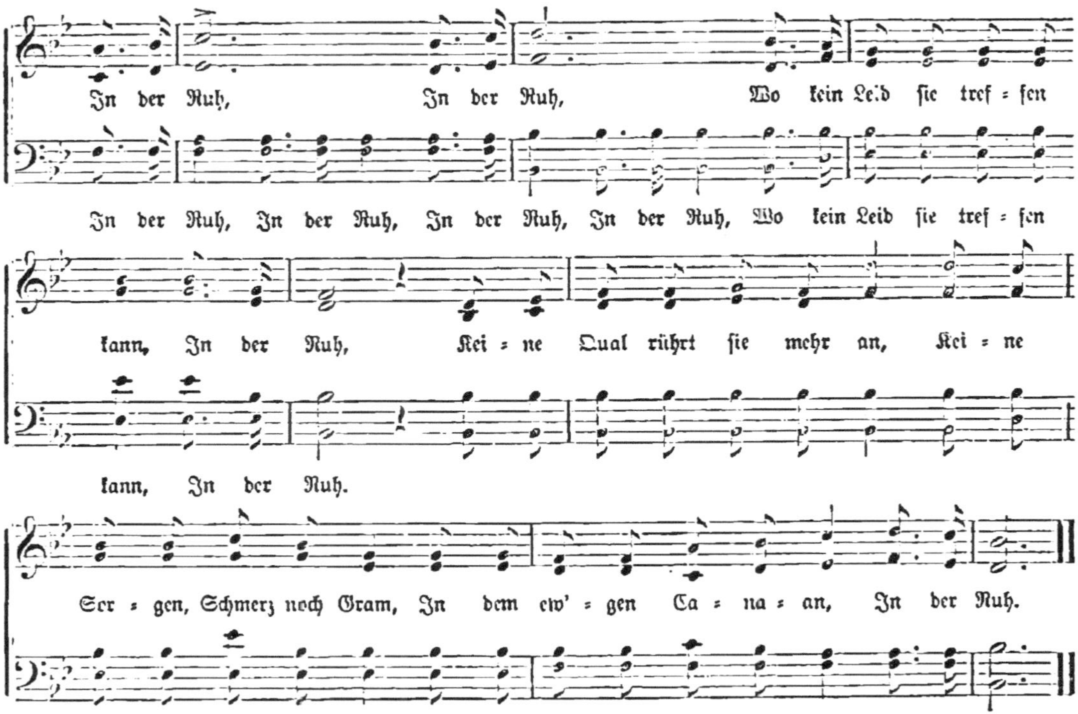

Duett.

85. Kommt zu Jesu.

Mit Erlaubniß von
H. A. Palmer.

1. Je = fus lie = bet die Kin = der, La = det fie ein, Sehr fol = len fie fein!
2. Euch auch ru = fet der Hei = land, Kom=met doch her, O dau = bert nicht mehr.
3. Könn=tet ihr wi = der=ber=fte = hen? Län=ger nicht mehr, Er liebt euch fo fehr.

Piano oder Orgel.

Je = fus fu = chet die Gün = der, Eilt zu ihm, kom = met noch
Je = fus ma=chet euch glück = lich, Zeit=lich und e = wig noch
Auf, laßt uns zu ihm ge = hen, E = wig=lich fe = lig zu

heut.
mehr.
fein.

(82)

Kommt zu Jesu.
(Schluß.)

Chor.

Kom = met zu ihm, Kom = met zu ihm, Kom = met, o Mit = der, zu Je = su!

Kom = met zu ihm, Kom = met zu ihm, Kom = met, so seid ihr er = löst.

86. Freundliche Einladung.

1. Auf und verlaß die Sünde!
Fliehe zum Herrn;
Er rettet dich gern,
Und läßt Gnade dich finden,
Frieden und Freude im Herrn.

2. Jesus, der Freund der Seelen,
Ruft dich, mein Kind;
O, eile geschwind,
Laß dich mit ihm vermählen,
Und werd' ein glückliches Kind.

3. Verlaß den Dienst der Sünde,
Sie ist ja doch
Ein drückendes Joch,

4. Läßt dich nur Gram empfinden,
Gibt dir statt Leben den Tod.

5. Nichts ist bleibend auf Erden,
Freude der Welt
In Trümmer zerfällt.
Doch willst du glücklich werden,
Suche was Jesu gefällt.

6. Kommet doch All' zu Jesu!
Eilet herzu,
Genießet die Ruh.
Jesus schenket euch Leben,
Himmlische Wonne dazu.

J. J.

(83)

87. Süsser Friede.

W. Horn.

Munter.

Aus Erläutniß aus "Pure Diamonds."

1. Sü = ßer Frie = de, Him=mels=frie = de! Der das Weh der Pil = ger=zeit ver=füßt,
2. Sü = ßer Frie = de, Him=mels=frie=de! Der wie Mai=en=glanz und Früh=lings=licht,
3. Sü = ßer Frie = de, Him=mels=frie=de! O du Glanz vom rei = nen Got=tes=licht!

Sü = ßer Frie = de, Him=mels=
Sü=ßer Frie = de, Him=mels=
Sü = ßer Frie = de, ·

frie = de! Glück=lich, wer auf Er = den dich ge=nießt. Du um=strahlst dem Bab mit Licht und Won=ne, Fühlst mit
frie = de! Lä=chelnd durch das Wol=ken=dun=kel bricht. Und, gleich ei=nem Stern in Nacht und Stür=men, Freund=lich
frie = de! E=wig schwin=dest du bem Herz=en nicht; Je = sus Chri=stus ist ja bei = ne Quel=le, Den ich

Se = lig=keit des Wand'=rers Brust, Sü=ßer Frie = de, Him=mels=frie=be, Wachst mir selbst die Lei = den hier zur Luft.
glimmt am blau = en Him=mels=saal, Sü=ßer Frie = de, Him=mels=frie = de, Leuch=te mir auch einst durchs To=des=thal.
fe = lig in dir ver = be=schau'n, Sü=ßer Frie = de, Him=mels=frie = be! Auf des Pa = ra = bie = fes Ro=fen=au'n.

53

88. Süsser Glockenklang.

Allegro.

Hört der Sabbath Glo-cken Klang! Wie süß, wie süß! Hört der Sabbath Glo-cken Klang! Wie süß!

1. Heu-te ist der Tag des Herrn! Fröhlich la-det nah und fern Chri-sten zu dem Haus des Herrn Sabbath
2. Horcht, es ruft: "Kommt her-bei! Macht das Herz von Sorgen frei, Stimmt's zum Lobe Got-tes neu!" Sabbath
3. Himmelwärts mahnt mich dein Ton, Andachtsvoll zu Gottes Thron Schwingt sich meine See-le schon; Sabbath
4. Läu-tend ru-fest du mir zu: "Denk' an je-ne Sab-bath-ruh! Ei-le glau-bens-voll ihr zu!" Sabbath

Refrain.

Glo-cken Klang.
Glo-cken Klang.
Glo-cken Klang.
Glo-cken Klang.

Der wie En-gel ruf, so süß Er-schallt, und klingt, und klingt, und klingt.

Mit Erlaubniß der Zür. Drackergesellschaft.

89. Preiset den Heiland.

T. Horn.

1. Prei-set den Heiland mit muntrem Gesang! Freudenvoll wal-le zum Him-mel em-por Un-fe-err Her-zen der,
2. Prei-set den Heiland mit jauchzendem Chor! Sa - get es Jedem wie freundlich er ist, Wie er der See - le ein,
3. Prei-set den Hei-land mit fröhlicher Chor Daß er fein Le-ben zum Heil für uns hin, Führet er uns täg-lich mit

ei-nig-ter Dank, Ju-bein-de Lie-der er-schal-len im Chor. Ein - get froh - lich! Sin-get voll Lie-be
Hel-fer und Hort, Und wie zu-frie-den und se-lig ein Christ. Einget fröhlich, singet fröhlich! Singet voll Liebe,
Liebe und Gnad. Fragen wir billig: , Was thun wir für ihn?" Einget fröhlich, singet fröhlich! Singet voll Liebe

un - frem Gott! un - frem Gott!

dem Herrn, Un - frem Gott! Sin - get froh - lich! Einget voll Liebe dem Herrn, unfrem Gott!
Einget fröhlich, fin - get dem Herrn! Einget fröhlich, singet fröhlich! Einget voll Lie - be un - frem Gott!

86

90. Himmelan!

W. Horn.
Nicht zu schnell.

F. W. W.

1. Wir ei=len zu=frie=den mit mun=terem Schritt Himmel=an!
Und wer den Herrn lieb hat, der zie=he nur mit Himmel=an!

2. Wir wan=deln zu=sam=men in Lie=be und Treu Himmel=an!
So wächst der Muth, die Hoff=nung wird neu Himmel=an!

3. Wohlan denn, wir fol=gen dem Hei=land stets nach Himmel=an!
Und geht's auch bis=weilen durch Leiden und Schmach Himmel=an!

Fest steh'n wir zu=sam=men in
Wenn bet=send das Gi=ne zum
Nur Je=su fei Geist, Kraft und

Mei=he und Glieb, Mit froh=li=chem
An=bern sich hält, Er=ci=nicht be
Le=ben al=weiht, Er tröd=net die

Thrä=nen, ver=fü=bet
fie=gen
Er do er=schal un=fer Lieb,
Eün=be und Wett,
das Leib,

zum himm=li=schen Land,
zum himm=li=schen Land,
zum himm=li=schen Land,

Auf der Mei=se
Auf der Mei=se
Auf der Mei=se

Auf der Mei=se zum himm=li=schen Land.
Auf der Mei=se zum himm=li=schen Land.
Auf der Mei=se zum himm=li=schen Land.

(57)

91. Arbeit zu thun.

Nach dem Engl. v. Z. Z.

1. War-um stehst du müßig am Markt, Bruder, Da doch Arbeit die Fül-le zu thun! Das Feld ist zur Ern-te schon
2. Ob auch deine Kräfte zwar schwach, Bruder, O, so ma-che Gebrauch nur davon! Du bringst doch noch Garben zu-
3. Drum wirkt für den Herrn, weil's Tag ist, Bruder, Bald ereilt uns die dun-ke-le Nacht. Die Schatten sie werden schon

Chor.

weiß, Bruder! Und du ruhst hier si-cher noch ruh'n?
letzt, Bruder! Und dir wird ein herr-li-cher Lohn.
lang, Bruder! Sei-trost denn die Ar-beit voll-bracht.

Auf zum Werk, lie-ber Bruder!

Auf zum Werk, lieber Bruder,

Es gibt Arbeit zu thun. Gehe hin in den Weinberg des Herrn, Bruder! Jetzt gilt es nicht schlafen noch ruh'n.

92. Kennt ihr das edle Bild?

J. M. Viermann.

1. Ich weiß wohl eine Eiche,
Und einen Epheu dran,

2. Und um den Stamm der Eiche,
Schlingt sich der Epheu zart;

3. Die Wurzeln saugen beide,
Dieselbe Nahrung ein;

Ver-bun-den mit ein-an-der, Wer
Sie lön-nen sich nicht lö-sen: Wer
Sie le-ben mit ein-an-der: Weß

hat denn das ge-than? Wer hat denn das ge-than, wer hat denn das, wer hat denn
hat fie so ge-paart? Wer hat fie so ge-paart? wer hat fie so, wer hat fie
mag dies Bild doch sein? Weß mag dies Bild doch sein? weß mag dies Bild, weß mag dies

das, wer hat, wer denn hat ge-than?
fo, wer hat, wer fie ge-paart?
Bild, weßmag, weß mag dies doch sein?

wer hat,
wer hat,
weß mag,

4. Soll ich das Bild euch deuten,
So nehmt die Deutung an:
Die Eiche ist der Glaube,
:: Er strebt zu Gott hinan. ::

5. Der Epheu ist die Hoffnung,
Die fest zum Glauben steht,
Und ihrer Wurzeln Nahrung,
:: Die Lieb, die nie vergeht. ::

(89)

D. v. M.
Arr. v. J. M. B.

93. Der Herr kennet die Seinen.

1. Es kennt der Herr die Sei = nen, Die Gro = ßen und die Klei = nen, Er führt fie aus und
2. Er kennt, wer ihm ver = trau = et, Am Glau = ben, der nicht fchau = et, Der durch das Wort fich
3. Der Herr er = kennt die Treu = en, Die fei = nem Dienft fich wei = hen, An ih = rer Hoff = nung

ein; Er führt fie aus und ein, Ein = geb = ben,
nähret, Der durch das Wort fich näh = ret, Und
kühn, An ih = rer Hoff = nung Pflan = ze, Sonnt

Le = ben und im Ster = ben, Sind fie und im blei = ben
vor dem Wort beu = get, Und mit dem Wort fich
fich im Him = mels = glan = ze, Und blei = bet im = mer

fein, Sind fie und blei = ben fein,
re<!--->gt, Und mit dem Wort
grün, Und blei = bet im = mer

(90)

Der Herr kennet die Seinen.

(Schluß.)

fein.
wehrt.
grün.

Sie sind und blei = ben blei = ben fein, auf e = wig fein!
Und mit dem Wort sich Wort fich, dem Wort sich wehrt.
Und blei- bet im = mer grün, grün, bleibt im = ner grün.

auf
dem
bleibt

fein, sie sind und blei = ben fein Wort sich wehrt
wehrt, und mit dem Wort sich wehrt
grün, und blei-bet im = mer grün

4. Er kennet sie an der Liebe,
Die ihm mit laut'rem Triebe,
:: Stets zu gefallen sucht. ::

An heil'gem Gnadentriebe,
An Glauben, Hoffnung, Liebe,
:: Als seines Geistes Frucht. ::

94. Auf dem Lebensmeere.

1. Auf dem Lebensmeere laßt uns segeln,
Heimwärts richten wir den Lauf;
Sanft wir gleiten nach dem Ziele,
Sturm und Fluth hält uns nicht auf.

Chor. Aber Sturm ist bald vorüber,
Und wir ankern in dem Hafen,
In der langersehnten Heimath,
Jenseits Klippen, Sturm und Fluth.
Ja, das Ziel von unsrer Reise
Ist das Land der ew'gen Ruh.

2. Millionen sind schon sicher
Jenseits dieses stürm'schen Meers;

3. Kommt mit uns zum Friedenshafen,
Schifft euch unverzüglich ein;
Sind die Anker erst gelichtet,
Mag's zu spät für immer sein.

4. Jauchzend werfen wir die Anker
Nach bestand'ner Prüfungszeit;
Wandeln dort auf gold'nen Straßen,
Singend Lob in Ewigkeit.

(Melodie in "Golden Chain," Seite 87.)

(91)

Nach dem Engl. v. J. J.

95. Lobgesang.

Mit Erlaubniß aus "Joyful Songs."

1. Wir kom=men ei = nen Lob = ge = fang, Zum Preis des Namens Je = fu an. Singt unserem Kö = nig,
2. Da ei = len wir mit hei=term Sinn, Zum Thron der Gna be gläubig hin. Wir bringen auf des
3. O füg = ne Leh = rer, Schüler nun, Auf Ostern laß dein Frieden ruh'n. Und führ' uns All' nach

Chor.

Jung und Alt, Daß es durch Got=tes Tem = pel hallt, Her = bei, Her = bei, Froh=
Herrn Al = tar, Froh un=fer schwaches O = pfer bar.
Angst und Leid, Zu dei=ner ew=gen Herr = lich=keit.

Her = bei, her = bei, Froh=lockt,

=lockt dem Herrn, Es rühm' ihn Alles nach und fern, Ja kommt herbei, Frohlockt dem Herrn.

Frohlockt, Frohlockt dem Herrn.

96. Gottvertrauen

3. Hammer.

1. Ich will in Gott mich fas=sen, Und still, stil=le sein, Dann bin ich nicht ver=
2. Er trägt in sei=nen Hän=den, Ein hun=der=, hel=les Licht, Mir füll=len Trost zu
3. Zur Rech=ten und zur Lin=ken, Was, der Herr zu=der nah'n, Mich lockt sein schmeichelnd Ge=
4. Mein Herz will ich be= wah= ren, Denn, der mich treu=lich liebt, Auch wenn er mit Ge=

Ich= fen höch=ster Noth und Rein. Dann geht auf mei=nem Pfa= be, Wie
hver= ben rei=ne Zu= ver=sicht. Von Jot= dem Licht ge= let= tet, Füßt
win= ter Nicht hin auf sei= ne Wahn. Die fänd' ich See=len= frie= den, Hätt'
sah= ren Zur Prü=fung mich un= gibt. Er will die straft mir für= Jen, Sie

bun= tel er auch wär, Ein Bo= te sei=ner Gna= be, Ein En= gel der mir her.
ich die Furcht ge=bannt, Denn ü= ber mich ge= breit, Ist Got=tes Va= ter= hand.
mich falsch ge=sinnt, Von Je= su ab= ge= schie= ben, Ein un= ge= hor= sam Kind.
kommt von ihm al=lein; In Wor=ten und in Wer= ken, Soll ich kein Zeu= ge= fein.

W. Horn.
Nicht zu schnell.

97. Kommet zu Jesu.

Bearb. v. J. M. Biermann.

1. „Kommt, die ihr mühseselig seid, Für euch ist die Ruhe besereit!" So ruft euch der
2. Auf, kommt und besekeheret euch! Wenn auch der Feind euch wehret euch. Auf, halstet euch
3. Es floß ja auch euch zu gut, Sein theures Versöhnungsseblut, Das auch für euch
4. Die Pforste steht ofsen noch, Auf, werft ab der Sünde Joch! Auf, eilt, denn die

die Ruh beseit.
der Feind wehrt euch.
Verssöhnungssblut.
der Süneseseblut.

Fine.

Heisland zu, Er schen seket euch Ruh. Hört doch, wie euch Jesus ruft, Auf
nicht zu selrik, Beseskennt euseser Glück. Der Heisland winkt liesebendeuch, Mit
Gnaseseste selreit, Auf, komseseset noch heut! Mit Leib und Seel, Gut und Blut, Dem
Zitt der selgeht! Auf, halb ist's zu spät. Dann ruft ihr verseseglich noch, Dann

(94)

Kommet zu Jesu.
Chor. (Schluß.)

ei-let, ja ei-let ihm zu.
freundlichem, freundlichem Blick. Der kommt, der soll von Sün-de rein, Und se-lig auch in Je-su sein.
Heiland, dem Heiland euch reicht. ist es, ja ist es zu spät.

D. C.

98. Wenn das Sonnenlicht durch das Dunkel bricht.

1. Wenn das Sonnenlicht durch das Dunkel bricht,
Und die Sonn' so hell und voll
Steigt herauf mit Glanz, und entzückt uns ganz.
Eil' ich hin zur Sabbathschul';
Denn dort geht es lieblich zu, man lobt Gott in Fried'
und Ruh';
Darum eil' ich immerzu hin zur Sabbathschul'.
Eilen will ich hin, eilen will ich hin,
In die liebe Sabbathschul'.

2. Obgleich Eis und Schnee deckt Land und See,
Und der kalte Nordwind weht,
Der Frühlingsluft mich vom Schlummer ruft,
Eil ich hin zur Sabbathschul'.
In dem Buch von Gott gesandt, als ein theures Unter-
pfand,
Werden wir mit ihm bekannt in der Sabbathschul.
Fröhlich eil' ich hin, fröhlich eil' ich hin,
In die liebe Sabbathschul'.

3. Dorten treff' ich dann noch viel Andre an,
Die sich mit mir finden ein;
Und wir stimmen dann unser Loblied an,
Denn dort ist es gut zu sein.
Obgleich Viele üben sich in der Sünde williglich,
Will ich doch erfreuen mich in der Sabbathschul'.
Freudig eil' ich hin, freudig eil' ich hin,
In die liebe Sabbathschul'.

4. Gott, wir bitten dich nach einmüthiglich,
Gib stets Segen und Gedeih'n,
Daß wir mögen All' uns mit lautem Schall
Ewiglich in dir erfreu'n.
Schließt sich unser Auge zu, führe uns ein zu deiner
Ruh',
Dann strömt unser Dank dir zu für die Sabbathschul'.
Dir gebühret die Ehr', dir gebühret die Ehr',
Ewig für die Sabbathschul'.

(Melodie in "Golden Shower," Seite 111.)

(95)

99. Liebster Heiland, dir sei Ehre.

J. W. Biermann.

1. Lieb-ster Hei-land, dir sei Eh = re, Daß du Mensch ge=wor=den bist, Sangen En=gel=Chö=re. Lob und Dank auf Herr Je = su Christ? } Sollt nicht auch von uns er=

2. Frie-de ist uns nun ge = ge = ben, Und des Höch=sten Zorn ge=stillt; } Al = le Furcht muß jetzt ver- Trost und Freu=de, ew' = ges Le = ben, Kann nun ha = ben, wer da will.

schal = len: Eh = re sei Gott in den Höh'n! Denn es ist ein Wohl=ge = fal = len Uns und
schwinden, Denn uns nun ge = bo = ren ist, Der Er = lö = ser von den Sün=den, Un = ser

al = ler Welt ge = scheh'n, uns und Al = ler Welt ge = scheh'n.
Hei = land Je = sus Christ, un = fer Hei = land Je = sus Christ.

Uns und Al = ler Welt ge=scheh'n.
Un = fer Hei = land Je = fus Christ.

(96)

100. Lebensregeln.

Mit Erlaubniß aus "Golden Sunbeam."

1. Merf Je = ber fich das gro = ße Wort: Wenn Je = fus trinkt, fo geh'; Wenn er dich zieht, fo
2. Wenn er dich lo = bet, bü = de dich; Wenn er es will, fo ruh'; Wenn er dich a = ber
3. Wenn er zum Dienft dich brauchen will, So fteig in Kraft her = bor; Wird Je = fus in der
4. Kurz, rich = te ftets dein gan = zes Herr, Und bei nen gan = zen Sinn, Bei Schmach, bei Mangel

Chor.

Wie er . . . . . dich führt . . . . . Folg'

ei = le fort, Wenn Je = fus hält, fo fteh'!
ftraft, fo fprich: Jch brauch's, Herr, fchla = ge zu!
See = le ftill; So nimm auch du nichts bor!
und bei Schmerz, Al = lein auf Je = fum hin.

Wie Je = fus dich führt, fo fol = ge ihm gern, Ver =

trau dem Herrn, Wie er . . . dich führt . . fo fol = ge gern!

traue mit Freuden dem Herrn, d. Herrn. Wie Jefus dich führt, fo folge ihm gern, Vertraue mit Freuden dem Herrn, dem Herrn!

(147)

Nach dem Engl. v. J. J.

101. Geht hin ihr Knechte.

Frank M. Davis.

1. Geht hin ihr Knech-te all-zu-mal, Und la-det ein zum Hoch-zeits-saal, Wo ihr nur im-mer
2. Sagt's Allen, die müh-se-lig sind, Daß man beim Herrn Erquickung find', Bringt die Ver-lor-nen
3. Ja, sam-melt sie von nah und fern, Zum reich-ge-deck-ten Tisch des Herrn, Da wird ihr Hun-ger

Chor.

Gä-ste find't, Die da zu kom-men nur wil-lig sind.
all' her-zu, Bei Je-su fin-den sie nah-re Ruh'.
erst ge-stillt, Und sie mit rei-chem Gü-tern er-füllt.

Bringt sie her-ein, bringt sie her-ein,

Bringt sie herein von nah und fern, Bringt sie her-ein, Bringt sie herein, her-ein von nah und fern.

Nach dem Engl. v. J. J.

Mit Erlaubniß aus "Joyful Songs."

102. Alles wohl.

1. Alles wohl, alles wohl; Jesus ist mein treuer Freund, Der's mit mir, der's mit mir stets so gut u. herzlich meint;
2. Zage nicht, zage nicht; Auch in Sorgen, Noth u. Pein, Schau empor, schau empor, Gott der Herr wird bei dir sein;
3. Herr, hilf mir Herr hilf mir, Dir nur stets zu bangen an; Führe du, führe du, Mich doch stets auf rechter Bahn;
4. Legt sich dann, legt sich dann, Hin mein müdes Haupt zur Ruh; Führe du, führe du, Mich der ew'gen Heimath zu;

Nur bei ihm, nur bei ihm, Find' ich Ruhe für mein Herz, Er allein, er allein, Lin = dert allen Schmerz;
Feindestrutz, Feindestrutz, Wird dir keinen Schaden thun, In dem Herrn, in dem Herrn, Wirst du sicher ruh'n,
O der gib, o der gib, Meine gan-ze Sün-den-schuld, Laß mich seh'n, laß mich seh'n, Deine Va-ter-huld,
Himmelslust, Himmelslust, Wird mich ewig dort umweh'n, Wird verlangt, mich verlangt, Ewig dich zu seh'n.

Chor.

Alles wohl, alles wohl, Bin ich nur mit Gott bereint, Alles wohl, al = les wohl, Jesus ist mein Freund.

103. Die Liebe Jesu ist's.

Andante.　　　　　　　　　　　　　　　cres.

1. Was hat uns denn verbun=den, In die=sen schö=nen Stunden, Wo wir in Je=su Na=men, Ver=
2. Wie kann uns schon auf Er=ben, Die Erd' zum Him=mel werden? Wo=durch fühlt man, trotz Leiden, Schon
3. Und wenn wir ster=ben müs=fen, Was kann den Tod ver=sü=ßen? Was wird zu je=nen Freu=den, Uns
4. Was wird uns dort er=qui=cken, In E=wig=keit ent=zü=cken? Was ist der En=gel Wonne? Was

Chor.

grüßt zu=fam men Ja men?
hier des Him=mels Se=ligkeit? Die Lieb', die Lieb', die Lie=be ist's, Die Lieb', die Liebe　Je=su ist's.
sanft hin=ü=ber lei=ten?
glänzt als Le=bens=fon=ne?

5. O sind die edlen Triebe,
Der brüderlichen Liebe,
Wohl auch bei euch vorhanden,
Fühlt ihr die sel'gen Banden?

6. Im Herrn zu sein verbunden,
Durch Christi blut'gen Wunden,
Das sei denn unser Streben,
In diesem Erdenleben.

(100)

Nach dem Engl. v. J. J.

104. Jesus liebt die Kinder.

Aus "Evergreen."

1. Je-sus liebt die Kin-der sehr, Sam-melt sie gern um sich her; Ihr, die ihr den
2. Je-sus auch für Kin-der starb, Und für sie das Heil erwarb, Theilt die ew'-ge
3. Je-sus ist der Kin-der-freund, Der es gut mit Al-len meint; Blickt voll Lie-be

Chor.

Heiland liebt, Bringt doch auch die Kin-der mit, Bringt sie mit,
Himmels-ruh', Drum auch Klei-nen zu, Bringt sie mit,
auf sie hin, Um sein Herz zu zieh'n.

Bringt die Kleinen Kin-der mit, Je-sus ja die Kin-der liebt, Bringt die Klei-nen mit.

(101)

Nach dem Engl. v. J. J.

105. Stehet fest.

J. H. Tenner.

1. steht nur fest und muthig, eilt voran, Im Kampf für Mäßigkeit, Nur
2. steht nur fest—Vereinigt Hand in Hand, Dem Feind entgegen geht, Er-
3. steht nur fest, wehrt euch für euer Land, Ja streitet unverzagt, Wenn

Ja wagt den kühnen Streit, Nur
Seht wie die Fahne weht, Er-
Bald wird der Feind verjagt, Wenn

Chor.

Treu, treu, treu, fest und

muthig auf dem Plan, Wagt selbst das Leben dran.
Hart dem Feind den Krieg, Zuletzt wird euch der Sieg. Steht fest und treu, steht fest und treu, immer
kann der Kampf vorbei, So hört man Siegsgeschrei.

treu, fest und und kämpft für Mäßigkeit,

treu, für Mäßigkeit, für Mäßigkeit, und kämpft für Mäßigkeit.

Stehet muthig im Streit, immer treu,

(102)

Nach dem Engl. v. S. S.

106. Heimwärts.

Mit Erlaubniß aus "Pearl."

1. Heimwärts richten wir den Pilgerlauf, Nach dem ew'gen Friedenshöh'n; Und bald kommen wir zum Herrn hinauf,
2. In dem sel'gen Land, wohin wir zieh'n, Schau'n wir Gott von Angesicht; Ew'ge Wonne wird uns dort erblüh'n,
3. Freunde, kommt, wir wollen Hand in Hand, Fröhlich mit einander zieh'n; Nach dem wunderschönen bessern Land,

Chor.

Wo die Lieder twin der sel'n. Himmelwärts, Himmelwärts, Reisen wir getrost und munter immer
Ewig glänzt der Sonne Licht. Himmelwärts,
Gitt u. lustunsuchtverzieh'n. Himmelwärts,

zu. Himmelwärts, Himmelwärts, Wir mar-schi-ren nach dem Land der ew'gen Ruh'.
nur immer zu. Himmelwärts, Himmelwärts,

Nach dem Engl. v. J. J.

107. Zieh an den Harnisch.

J. P. Tenney.

Chor.

1. Zieh an den Har-nisch, Bru-der! Und käm-pfe froh und frei, Den gu = ten Kampf des
2. Zieh an den Har-nisch, Bru-der! Stark ist des Fein-des Macht, Doch wirfst du end = lich
3. Zieh an den Har-nisch, Bru-der! Dein Je-sus führt den Krieg. Und wenn der Kampf vor-

Glau = bens, Dein Hei-land steht dir bei.
sie = gen, Zu bei=nes Got = tes Kraft. Drum auf zu den Waffen, Kämpf' für den Herrn!
ü = ber, Dann folgt ein ew' = ger Sieg.

Je = fus, der Her = zog im Streit,

der Her = zog im Streit,

Jesus, der Herzog im Streit, zieht voran; Er bringt uns sicher nach Canaan. Nur muthig denn voran.

Jesus, der Herzog im Streit,

(104)

108. In Jesu ist ewiges Heil.

Mit Erlaubniß von Wm. G. Fischer.

1. Lob, Eh = re und Preis sei dem Herrn, Der Le=ben und Heil uns er = warb,
2. Er schen=ket mir Le = ben und Licht, Und hat mich aus Sünde und Nacht,
3. O preist sei=ne Lie = be mit mir, Die Gnade so tief und so groß!
4. In ihm ist mein Wün=schen ge=stillt, Mein Leben, mein Hoffen ist er.

Als er für die Sünden der
Zu Frie=den und Frei=heit ge=
Ich, der ich doch Stra=fe ver=
Mein Glaube um=fas=set nur

Chor. e=wi=ges Heil

Weil, Am Kreuze auf Gol=ga=tha starb.
führt, Zum Erben des Himmels gemacht.
dient, Anst' sonstin des Verlaures Schoß.
ihm! O saget, was will ich noch mehr?

In Jesus ist e=wi=ges, ewiges Heil, Und wer es recht suchet, dem

Theil.

wird es zu Theil. Von der Sünde ganz rein Macht sein Blut uns allein, Ja sein Blut macht uns selig und frei.

(105)

109. Am Thron bei Jesu Füssen.

Nach dem Engl. v. J. J.

D.C. 1. Dort von je-nen Luft-ge-fil-den, Von den Ll-fern Immer-grün, Win-ket mir die Lebens-
2. Mei-ne Seuf-zer, fei-ne Schmerzen, Trifft die Sel'gen je-mals mehr, E-wig freut man sich von
3. Sin-ge Hei-math al-ler Frommen, O wie freundlich ruaft bu mir! Bald werd ich nach Haufe

Fine.

Dort will ich er-lö-fter Sün-der, An des
Viel-e die Wonn' werd ich ge-nie-ßen, Wenn ich
Rei-ne Thrä-ne wird mehr fließen, Wenn ich

fro-ne; Laßt mich doch hin-ü-ber-zieh'n,
Her-zen, Drüben am try-ftall'nen Meer.
kom-men In das fel'-ge Luft re-vier.

Thro-nes Stufen knieen, Mit der Schar der Ue-ber-win-der, wer-fen mich vor Je-fu hin,
einst ber Got-tes Thron, Ei-gen barf bei Je-fu Fü-ßen, Auf b.m Haupt die Eh-ren-fron'!
in der Sel'-gen Zahl, Ei-ge ba bei Je-fu Fü-ßen, E-wig frei von Weth und Qual.

D.C.

M. Born.

110. Jesus, mein Führer.

J. M. Biermann.

1. Sü=ßer Hei=land, du Freund meiner See=le, Bist meines Lebens und Licht mei=nem Pfad.
2. Die je Welt hat nur berwei=ten be=Freu=ben, Heu=te noch reich und ach! morgen schon todt,
3. Je=su, mich zie=het ein fü=ßes Ber=lan=gen, Hilf mir im Glauben nur dir an=zu=han=gen,

Hilf, daß ich im=mer die We=ge er=wäh=le, Die mir ge=zei=get dein güt=li=cher Rath.
... Wel=chen kein Raub und kein Wech=fel be=broht, ...
Und dir er=ge=ben in Lie=be zu fein.

Langsamer und sehr sanft.

Führe mich freundlich durch das rechte Leben, Leite mich Heiland an sie=ben=der Hand, Bis ich kann se=lig dem
Schätze, die Motten und Rost nicht verzehren, Won=ne, die e=wig die See=le beglückt, Wirst du, o Heiland, den
Laß auf die Gnade mich einzig nur bau=en, Stärke zum Kampfe mir immer den Muth, Hilf mir zu ru=hen mit

Bei=den ent=richer=ten, Heimwärts zur Ruhe in den himmlischen Land, Heimwärts zur Ruhe im himmlischen Land.
Dei=nen ge=wäh=ren, Wenn fie die himmlische Hei=math ent=zückt, Wenn fie die himmlische Hei=math entzückt.
fü=ßem Ber=trau=en, In dei=nem Mu=te, dann ha=be ich's gut, In dei=nem Mu=te, dann ha=be ich's gut.

(107)

Nach dem Engl. v. G. J.

III. Herz, mach Raum für Jesum!

J. N. Sweney.

1. Raum ... für Welt und Ei-tel-kei-ten, Raum ... für ei-teln Ruhm und Ehr',
2. Raum ... für ban-ge Er-den-for-gen, Für ... die Din-ge die-fer Zeit;
3. See ... le laß den Taub der Er-ben, Eu ... he doch ein beff-res Gut;

Ich Herr nicht für heff-re Freu-den — für den Herrn kein Plätz-chen mehr.
Die dich quä-len al-le Mor-gen, Und nur brin-gen Noth und Leid.
Dann nur kannft du glück-lich wer-den, Wenn dein Herz in Je-fu ruht.

Chor.

O mein Herz! mach Raum für Je-fum, Deff-ne ihm, und laß ihn ein, Laß ihn

O mein Herz! mach Raum für Jefum jetzt!

Deffne ihm und laß ihn ein, laß ihn ein,

(108)

Herz, mach Raum für Jesum!
(Schluß.)

ein,   laß ihn ein.   Oeffne ihm und laß ihn ein.

Laß ihn ein,

laß ihn ein,

112. Gottes Treue.

Kräftig und heiter.   J. M. Biermann.

1. Es steht im Meer ein Fel-sen, Die Wel-len treiben her-um,
2. Ein Thurm ragt überm Berge, Und schaut ins Thal hin-ab:
3. Des Höchsten ew'ge Treue Steht fester, denn Fels und Thurm.

Die Wel-len brau-sen am Fel-sen,
Die Win-de ra-sen am Ber-
Und grünt und blü-het aufs Neu-

...fen, Doch fällt der Fels nicht um ...
ge, Doch fällt kein Stein her-ab.
e, Und blühet und blühet aufs Neu-
Welt

..., Die Wel-len brau-sen am Fel-sen, Doch fällt der Fels nicht um!
..., Die Win-de ra-sen am Ber-ge, Doch fällt kein Stein hr-ab,
..., Und grünt und blü-het aufs Neu-e, Und trotzt dem ra-sen-den Sturm.

Nach dem Engl. v. M. H.

113. Brauche deine Gaben!

Franz M. Davis.

1. Mit viel Ga = ben, schö=nen Ga = ben, Hat uns Gott, der Herr, be=glückt, Mit viel ed = len Gä = big-
2. Brauch die Ga=ben Gott zum Preise, Und ver = gra = be nicht dein Pfund, Wir=ke, nü = tze je = be
3. Wir=ke stets zum Wohl der Menschen, Füh-le wie dich das ent=zückt, Wenn du e = del dich he-
4. Wirst du treu dein Pfund ge=brau-chen, Wartet dein des Hrn = mels Saal, Doch, wenn du die Zeit ver-

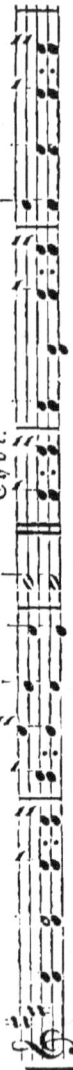

lei = ten,   Uns als Menschen hier geschmückt.
Stunde,   Ma=che Got=tes Gna = de kund.
strebtest,   Daß der Nächste werd be=glückt.
schwärzt,   Wartet deiner ew' = ge Qual.

Chor.

Brauch die Ga=ben, daß sie from=men! Bit = te

Gott um Licht und Kraft, Denn der Rück = ter wird bald kom=men, Der dich zieht zur Re=chen=schaft.

(110)

114. Die Friedenspalme.

Bearb. v. J. M. B.

1. Vor der Pa = ra = die = fes=pfor=te, Stand ein En = gel mit dem Schwert,
Und dem Eingang scheuchte je = ne Wandrer fei = ne Droh=ge=berd.
2. Und das Pa = ra = dies stand of=fen, Je = sus macht den Weg uns frei,
Pflanzte auf fein Kreuz, damit es Ei = ne Frie=dens = pal = me fei.

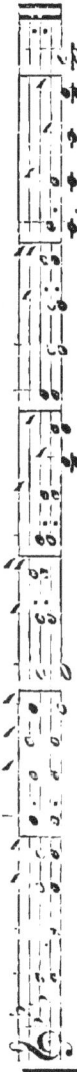

A = ber als mit fei = nem ... Und er ruft: "Folgt meinem ..."

Kreuze.
Habe.

115. Läutet Himmelsglocken.

Nach dem Engl. v. J. J.

1. Läutet Himmelsglocken! es ist Freude heut',
Weil ein Sünder hier um Gnade schreit.
Sieh', der Vater kommt voll Huld und Freundlichkeit.
Dem Betrirten seine Gnad' anbeut!

Chor. Halleluja! schallt es dort am Thron.
Halleluja! hör' den Harfenton.
Wie die Schaar der Sel'gen doch so freudig singt,
Daß es durch die Himmelsräume bringt.

2. Läutet Himmelsglocken! es ist Freude heut',
Der Verlorne ist mit Gott versöhnt.
Ja er ist gerettet und vom Fluch befreit,
Und der Vater ihn als Sohn erkennt.

3. Läutet Himmelsglocken? tragt die Kunde weit,
Na es geht von Mund zu Mund der Engel Schaar.
Singt ein frohes Lied, er ist gerettet heut',
Der im Sündengrab versunken war.

(Melodie in "Gospel Hymns," Seite 21.)

(111)

Nach dem Engl. v. J. J.

116. Ich will Jesu folgen.

J. C. O'Kane.

1. Ich will Je = su fol = gen, Hier im Erden-thal, Selbst auf rauhen We-gen, Durch viel Kreuz u. Qual;
2. Ich will Je = su fol = gen, Spottet auch die Welt, Ich will dul-den, tra-gen, Wie es Gott gefällt;
3. Ich will Je = su fol = gen, Bis die Reif' vollbracht, Bis der Kampf vol-len-det, Und der Tag er-wacht,

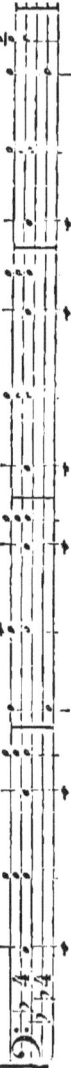

Folgend sei-nen Trit = ten, Gehts der Heimath zu, Nach den Friedenshütten, Nach dem Land der Ruh'.
Auf dem rauhen Pfa = de, Eil ich freu-dig hin, Bis durch sei-ne Gna-de, Ich einst bei ihm bin.
Wo von lich-sten Hö = hen, Mir mein Je-sus winkt, Mit ihm heim zu ge-hen, Wo man lobt und singt.

Chor.

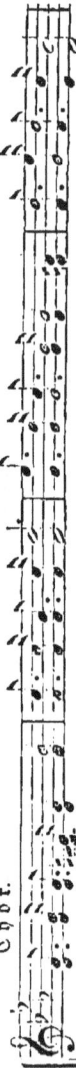

Ja ich fol = ge Je = su, Fol = ge ihm al-lein; Der für mich ge-storben, Soll mein Al-les sein,

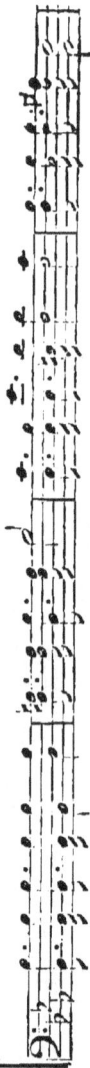

(112)

Ich will Jesu folgen.
(Schluß.)

J. M. Biermann.

Je = fus fei mein Führer, Durch dies Weltgewühl, Bis er mich einst fi = cher bringen wird zum Ziel.

117. Der Tag des Herrn.

J. M. Biermann.

1. Heu = te ist der Tag des Herrn, Erd' = sche Sor = gen blei = bet fern;
2. Hab' ich was nicht recht ge = than, Mech = ne Va = ter, mir's nicht an!
3. Heil' = ger Geist, o fich mir bei, Daß ich fromm und bei = lig fei,

Mei = ner See = le See = lig = keit der Herrn, Tag ge = reicht,
Dei = ne Gnad', durch Je = fu Blut, Wach auch ne fer = gut,
Hilf mir kömt = pfen hier auf Erd', Daß ich ein = ftens felig werd'.

(113)

8

Nach dem Engl. v. J. J.

118. Der Leitstern.

W. Irving Hartshorn.

1. Dort an dem blauen Fir-ma-ment, Viel tau-send hel-le Ster-ne schei-nen; Der
2. Die Ster-ne spen-den Glanz und Licht, In dunk-ler Nacht auf uns-re Er-be; Daß
3. Und einst nach irsi-ber Er-ben-nacht, Wenn ich den Le-bens-weg ge-gan-gen; Hilf

gro-ße Schö-pfer al-le kennt, Er zählt sie und es fehlt an kei-nem.
die klei-nen See-lem hoch auch, Zu ei-nem Zeit-stern möch-te wer-ben.
Je-su mir, in Glanz und Pracht, Als Stern im Him-mel einst zu pran-gen.

Chor.

O Ster-nen-pracht, o Pracht, in stil-ler Nacht, In stil-ler, Ihr

O Stern, stil-ler Nacht,

(114)

Der Leitstern.
(Schluß)

Sternlein strahlt und hal=tet Wacht.

Ihr Stern = lein hal=tet Wacht. Ich wär re gern Auch so ein

Dem mü=den Wand'rer in der Fern' Ein hel=ler Stern, Ein hel=ler Stern. Ich wär' so gern ein Stern, der Stern.

ein Stern, Ein hel=ler=ler, hel=ler Stern.

Nach dem Engl. v. J. J.

119. Wonne für mich.

1. Ich weiß nicht die Stunde, wenn Jesus erscheint,
Doch hab ich ja Frieden, bin mit ihm bereint.
Nach den Leiden und droben holt Jesus mich heim,
O das ist ja Wonne für mich!
Chor. O das ist ja Wonne für mich!
Ja Freude und Wonne für mich,
Nach den Leiden und droben holt Jesus mich heim,
O das ist ja Wonne für mich!

2. Hier bin ich noch nicht mit dem Liebe bekannt,
Das man einst wird singen im himmlischen Land,
Doch ich weiß, daß mein Jesus darin wird genannt,
Welch' liebliche Musik für mich.

Chor. Welch' liebliche Musik für mich!
Ja, das ist die Musik für mich,
O, mein Jesus wird in jenen Liebe genannt,
Welch' liebliche Musik für mich.

3. Ich weiß nicht, was droben mein Name wird sein,
Noch Manches, was mich wird im Himmel erfreu'n.
Doch ich weiß, ich werd' dort dem Erlöser gleich sein,
Das macht ja den Himmel für mich.

Chor. Das macht ja den Himmel für mich,
Ja, das macht ja den Himmel für mich,
Ja, ich weiß, ich werd' dort dem Erlöser gleich sein,
Und das macht den Himmel für mich.

(Melodie in "Gospel Hymns," Seite 15.)

(115)

Nach dem Engl. v. J. Z.

120. Ein Weilchen noch!

W. B. Manning.

1. Ein Weilchen noch hier Kampf und Streit, Und dann kommen wir zur Ruh'. Ein Weil-chen noch hier in
2. Ein Weil chen noch zu wir-fen fort, In dem Weinberg un-sers Herrn. Hier Ar-beit und dann die
3. Ein Weilchen noch es währt nicht lang, Hal-te nur ein we-nig aus. Ein Weil-chen nur, Ja es

Kreuz und Leid, Dann geht es der Hei-math zu.
Zu-be dort, O wer wollt nicht hei-fen gern.
währt nicht lang, Dann kommen wir All' nach Haus.

Chor.

Ein Weil - chen nur, Dann

Ein Weil-chen nur, Ein Weil-chen nur, Dann

ruft der Herr, Kommt her, Ge - seg - ne - te, kommt her, Kommt her,

ruft, dann ruft der Herr, ruft der Herr, Gesegnete des Herrn kommt her, Gesegnete kommt her.

(116)

121. Die Thräne der Mutter.

J. M. Biermann.

1. Ich stand bei meiner Mut=ter, Die mich so herz=lich liebt, Sie war ganz still und trau=rig, Ich
2. Da fiel ein hei=ßer Tro=pfen, Her=ab auf meine Hand, Er kam aus ih=rem Au=ge, Ich
3. Ich ha=be sie ver=stan=den, Warum sie hat ge=weint, Ich ha=be sie ver=stan=den, Wie

hat=te sie be=trübt. Ich hat=te meine Hän=be Auf ih=rem Schooß ge=legt, War
hab' ihm wohl er=kannt. Schnell stand sie auf, die Mut=ter, Und sprach da=bei kein Wort, Sie
gut sie's mit mir meint. Wie will ich mehr be=trü=ben Das lie=be Mut=ter=herz, Wie

auch ganz still und traurig, Im Her=zen tief be=wegt, War auch ganz still u. traurig, Im Her=zen tief bewegt.
brück=te meine Hän=de Und ging bann schweigend fort, Sie brückte meine Hände Und ging bann schweigend fort,
soll sie wie=der weinen Um mich vor Gram u. Schmerz, Nie soll sie wieder weinen Um mich vor Gram u. Schmerz.

Munter.

122. Gott schuf uns, um glücklich zu sein. J. M. Biermann.

1. Gott schuf uns, um glück-lich zu sein, Und schenkt uns der Freu-den so viel.
Wer woll-te sich frei-ner nicht freu'n — Ihn lo-ben — welch herr-li-ches Ziel!
2. Die Son-ne, wie prangt sie so schön! Wie la-bet der duf-ten-be Hain!
Wer kann die-se Schön-hei-ten seh'n Und satt und em-pfin-bungs-los sein?

Es stim-met mit fro-hem Ge-sang, Die schö-ne und gro-ße Na-tur, Und
D dan-ket und lo-bet den Herrn! Ihn lo-bet das himmli-sche Heer; Ihn

zu be-trüb er-schal-let ihr Dank, Aus Wäl-bern und Fel-bern und Flur,
lo-be man na-he und fern, Und bring ihm An-be-tung und Ehr'.

Gott schuf uns, um glücklich zu sein.

(Schluß.)

Und ju-belnd er-schal-let ihr Dank, ja ihr Dank, nah' und fern, Und bring ihn An-be-tung und
Ihn lo-be, man na-he man na-he und fern, nah' und fern,

Dank. Aus Wäl-dern und Hei-dern und Flur, fern.
Aus Wäl-dern und Hei-dern und Flur, Ehr'.

3. Die Erde, geschmückt mit Pracht,
Der segenvollene Halm
Verkündigen laut seine Macht;
Ihn preise auch jetzt dieser Psalm!
Der Jugend erscheinet Chor
Einmm fröhlich und munter mit ein!
:: So steige denn fröhlich empor
Das Opfer des Danks, das wir weih'n. ::

4. Ist's hier schon auf Erden so schön,
In Gottes geschmückter Natur,
Was wird erst das Auge dort seh'n
Auf Edens entzückender Flur!
Doch bringt dort kein Sünder hinein,
Nur Frommen schenkt Gott diese Gnad'.
:: Laß, Heiland, dein eigen mich sein!
Denn glücklich ist nur, der dich hat. ::

123. Wer da will, der komme.

1. Wer nur immer hört dem Ruf unsers Herrn,
Der verstünd' es weiter; kommt von nah' und fern.
Send' die frohe Botschaft aus in alle Welt.
Wer nur kommen will, der komm!

Chor. :: Wer nur kommen will, :::
O daß bald die Kunde jedes Land erfüll
Unser treuer Vater, ruft uns Allen: Kommt!
Wer nur immer will, der komm!

2. Wer da will, der komme, säume nur nicht;
Kommt! die Thür ist offen, Alles zugericht't;
Unsern reichen Vater, es an nichts gebricht.
Wer nur kommen will, der komm!

3. Wer da will, der nehm' aus göttlicher Füll',
Denn der Born des Lebens heut' noch immer quillt.
Jesus ist's, der unsern Durst alleine stillt.
Wer nur kommen will, der komm!

(Melodie in "Gospel Hymns," Seite 12.)

(119)

124. Der verlorene Sohn.

J. W. Biermann.

1. Hin=weg des wei=ten Wegs zog er vom Va=ter=haus, Ver=prah=te sein Ver=
mö=gen,

2. Da sprach er in der Stil=le: "Mein Va=ter gibt das Brod Viel Knech=ten doch in
Gül=le,

3. Der Va=ter sah den Ar=men Von fern her zu ihm zieh'n, Da lief er voll Er=
bar=men,

Und als die Theu=rung brüch=te, hing
Ich will's beim Va=ter wa=gen, Will
Er ließ ihn präch=tig klei=ben, führt

In wil=dem Saus und Braus.
Und ver=zehrt die Noth.
Und haiß und füß=te ihn.

Auf sei=nen A=cker schick=te Ihn kann ein Bür=gers=mann,
Ach, nimm mich, will ich sa=gen, Zum Ta=ge=löh=ner an."
Und rüf=te=te mit Freu=den Ein köst=lich N=bend=mahl.

er zu dar=ben an;
sei=ne Knie' um=fah'n,
ihn in sei=nen Saal,

125. Der Name des besten Freundes.

G. G. Lieberherr.

1. Ich weiß ei = nen Na = men so wun = der = bar schön; Du möcht'st ihn wohl ger = ne er = sah = ten? Ich kann zwar den Freund, der ihn trä = get, nicht seh'n, Doch ken = ne ich ihn schon seit Jah = ren, —

2. Er meint es so e = bel mit mir und mit dir, Er meint es so gut mit uns Al = len; Sein Na = me al = lein schon, der bür = get da = für, Und nenn' ich ihn, wird's euch ge = fal = len,

3. Wohl habt ihr schon oft die = sen Na = men ge = hört, — Kein an = be = rer ist es, als Je = fus; Denn ilver sich von Her = zen zu Je = su be = kehrt, Der wird auch ein Freund des Er = lö = sers.

Ich ha = be ihn lieb und ich ken = ne ihn gut — Den Na = men und Freund, denn er meint es so gut. Denn iver die = sem Freun = be von Her = zen ver = traut, Der hat sein Haus fest auf den Fel = sen ge = baut, Wer glaubt diesem Na = men, wer in Je = su ruht, Der hat es in Zeit und in E = wig = keit gut.

4. Drum kommet nun Alle und liebet ihn treu,
Denn er hat euch ewig geliebet,
Er schmücket das Herze und machet es neu,
Damit es im Guten sich übet;
Damit es besieget die Sünde und Welt,
Und einzig dem himmlischen Vater gefällt.

5. Weißt euch diesem Freunde, dann hat es nicht Noth,
Er bleibt euch beständig zur Seite,
In Jugend und Alter, im Leben und Tod,
In Trübsal sowohl, als in Freude,
Und stänb ich, von Menschen verlassen, allein,
So würde mit Jesu höchst glücklich ich sein.

(121)

Nach dem Engl. v. J. J.

126. Der köstliche Name.

Rev. J. Batzell.

1. Je-sus Na-me süß und köst-lich, Eli-ber noch als Har-fen-klang, Du bist mei-ner See-le
2. Köst-lich, weil Gott ar-men Sün-dern Ohn als un-fern Frie-de-fürst, Durch den Ein-gel ließ ver-

Chor.

tröst-lich, Drum sei hir mein Los-ge-fana. } Je-fus Nam', Hold und schön,   Eli-ber
lün-bei, Un-fern Hei-land Je-fus Chrift }   Hold und schön,

Nam', Wunderschön, Jesus Nam',
Süßer Nam', Wunderschön, Jesus Nam', O wie schön! O wie schön!
O wie schön!
D.C. pp

3. Köstlich, weil er einst als Bürge
Unf're Schulden hat gesühnt,
Ließ sich gern für uns ermürgen,
Da wir doch den Tod verdient.

4. Köstlich, weil er hat bezwungen
Welt und Sünde, Grab und Tod,
Hat den ew'gen Sieg errungen
Und den Weg gebahnt zu Gott.

(122)

5. Jesus Name—süß und prächtig
Schallest du nun an mein Ohr.
Jesus Name, stark und mächtig
Ziehst mein Herz du ganz empor.

127. Der Heiland hat's verheissen.

J. W. Biermann.

1. Dit hö = ren wir euch fra = gen, Ihr hofft die Er = lig = keit, Wie
2. Dit hö = ren wir euch nen = nen, Des Hei = lands Gi = gen = thum; Ihr
3. Habt ihr denn kei = nen Zweifel, Noch Angst vor Sünd' und Welt? Wie
4. Ihr sagt: „Die En = gel tragen, Uns einst zum Him = mel ein." Wie

fönnt ihr Gol = des ma = gen!" Da ihr doch Sün = der seid?
spricht: „Nichts kann uns tren = nen!" D ja = get an: „Mar = um?"
weist ihr, daß der Teu = fel, nicht zu = legt noch fällt?
fönnt ihr Gol = des fa = gen, Und so gang si = cher seid?

Chor.

Der Hei = land hat's ver = hei = ßen, Wir fön = nen es be = wei = fen; Er hält, was er ver =

Er hält was er ver = spricht, Er hält, was er ver = spricht,

Er hält, Er

spricht, Er hält, was er ver = spricht.

(123)

Nach dem Engl. v. J. J.

128. Jesus, ich bin dein.

Mrs. Josebine F. Knapp.

1. Will mich Je - fu dir ver-schrei-ben, Und dir fol - gen nach, Hilf mir dir auch
2. Mei - nen Will - len zu be - zäh - men, Dei - nen gern zu thun, Dein Joch wil - lig
3. Herr, ich leg' mich dir zu Fü - ßen! Nimm das O - pfer hin; Nur du kannst das

Chor.

treu ver-blei-ben, Tra - gen bei - ne Schmach.
auf mich neh-men, Nur dann werd' ich ruh'n.
Leid ver-fü - ßen, Wenn ich bei dir bin.

Al - les geb ich dir,

Al - les geb ich dir, Denn, o Je - fu! dei - ne Lie - be for - dert dieß von mir.

129. Gott schirme dich.

A. Zemmler. J. W. Wiermann.

Die Melodie allein kann von einer Männerstimme als Solo vorgetragen und das: „Gott schirme dich!" vom Chor gesungen werden.

1. Bald ist der Traum der Kind-heit aus-ge-träumt, Es trübt die Zeit der
2. Es wird dir die Ver-su-chung glei-chend nah'n, Mit fü-ßem

Ju-gend Mor-gen-hel-le; Rasch, wie her-an-die Mee-res-wo-ge schäumt, Drängt man-che
tre-ten dir ent-ge-gen, Dich zu ver-lo-cken von der rech-ten Bahn, Und fort-zu-

Drang-sal li-der bei-ne Schmer-le. Gott schir-me dich! Gott schir-me dich! Gott schir-me dich!
rei-ßen hin zu bö-sen We-gen, Gott schir-me dich! Gott schir-me dich! Gott schir-me dich!

3. Du aber bleibe fromm, geht's, wie es will
Im äußern Leben, halte rein nur innen
Und frei und treu das Herz, dann harre still,
Dann wirst du doch das beste Theil gewinnen.
:: Gott schirme dich! ::

4. Dann schirmt dich Gott und fireht bu, ihm getreu
Zu fein auf beinem Erdenpilgergange,
So lang er währt, bann muthig, ohne Scheu,
Mit Gott voran, sei vor bem Feind nicht bange.
:: Gott schirme dich! ::

(125)

130. Sing aus voller Brust.

W. Horn.

1. Wird's um dich oft trü = be Nacht, Sin=ge nur! Sin=ge nur! O = ber, wenn die Freu = de lacht,
2. Wenn dein Herz an Re=sum denkt, Ein=ge nur! Wenn er sei = nem Ge = gen schenkt,
3. Wenn der Herr dir Pflich=ten zeigt, Sin=ge nur! Sin=gend geht es bop = pelt leicht,

Sing aus vol = ler Brust.
Sing aus vol = ler Brust.
Sing aus vol = ler Brust.

Wenn die Son = ne Abends sinkt, Wenn die Mor=gen = rö = the winkt
Lo = be ihn, der bir zu gut Starb, und durch sein theures Blut
Laß dein Werk fein wohl=be=stellt, Le = be, daß es Gott ge = fällt,

Chor.

Und den neu = er Tag dir bringt, Sing aus vol=ler Brust.
Dir er = warb des Himmels Gut, Sing aus vol=ler Brust.
Ge = he sin=gend durch die Welt, Sing aus vol=ler Brust.

Sin=ge, sing aus vol=ler Brust

Sing aus voller Brust.
(Schluß.)

J. Maurer.

Frommes Lied, o hol = de Luft! Schönres ist mir nicht be = wußt, Sing aus vol = ler Bruft!

131. Jesus allein.

J. M. Biermann.

1. Gott, du bist mei = ne Zu = ver = ficht, Wann Dun = kel mich um = hüllt,
2. O schenke dich doch viel = lig mir, Mein Herz hat sonst nicht Ruh',
3. Ich freu = mich bei = nur Gna = de, Wie ich mich freu = en soll,

Wenn ich dich fühl, so ist mit Licht, Mein Käm = mer = lein er = füllt,
Dir möcht ich le = ben für und für, Zu Al = lem für, ich thu',
Mein An = ge ist auf dich ge = richt't, Macht mich des Le = bens voll.

(127)

Nach dem Engl. v. J. J.

132. Das Kreuzesbanner.

Elisa A. Hoffman.

Chor.

Schar't euch um das

1. Hoch soll des Kreu=zes Ban=ner weh'n Und zei=gen nah' und fern, Was einst auf Gol=ga=tha ge=scheh'n Durch Christum unsern Herrn. } Schar't euch um das
2. Das Wap=pen, das im Ban=ner strahlt, Ist's Kreuz so wun=der=schön. Hellt, daß die gan=ze Welt es bald Zu ih=rem Heil mag seh'n. }
3. Wer schließt sich uns'rem Heer nun an, Geht mit uns Hand in Hand. Nur un=ter Je=su Kreuzes=fahn' Geht's ins ge=lob=te Land. } Schar't euch um das Heil'=ge

Ban = ner, Schar't euch um das Ban = ner, Schar't euch um das Ban=ner, Kämpfet muthig für den Herrn.
Banner, Schar't euch um das heil'ge Banner, Schar't euch um das heil'ge Banner, Kämpfet muthig für den Herrn.

4. Auf, Streiter, reiht euch Glied an Glied,
   Nur muthig stets voran;
   Denn Jesus zieht ja selber mit
   Und macht uns Weg und Bahn.

5. Bald glänzt im ew'gen Sonnenschein
   Das schöne Siegesbanner,
   Wo aller Streit vorbei wird sein
   Im himmlischen Revier.

(128)

Nach dem Engl. v. Z. Z.
Mäßig.

A. J. Armstrong.

133. Jesus allein.

1. Nicht meine Thränen sind's, die mich erlösen; Die Flecken der Sünde, sie haften zu sehr; Drum eil ich zu
2. Auch auf die Werke darf ich nicht vertrauen, Sie schützen ja nimmer der Gottes Gericht; Auf Christi Ver-
3. Jesus, mein Heiland, du Retter der Seele! Der du dich Gott selber zum Opfer gebracht. Hilf, daß ich dich

Chor.

Je - su, er ist's, der mich Bö - sen, Von Sün-de be-freit, wenn sie blut-roth wär'.
dienst mir al-lein, will ich bau-en, er - ret - tet— die Wer - ke nicht. Jesus macht se-lig.
Mitt-ler nur ein - zig er - wähl-le, Der du ja noch ster-bend an mich ge-dacht.

Jesus allein, Jesus allein, Jesus allein; Jesus, mein Retter und Heiland soll's sein. Jesus, mein Heiland, allein.

134. Vergebung der Sünden.

G. Knak.

1. Fragt ihr nach meinem Glauben, Wer mei=ne Zuflucht ist, Die mir kein Feind kann rauben? Mein
2. Laut schrie=en mei=ne Sün=den Zu Gott, dem höch=sten Gut—, Er ließ sie all' verschwinden Durch
3. Er drückte voll Er=bar=men, In sel=ger Lie=bes=lust, Mich schuld=be=lad=nen Armen An

Hei=land, Je=sus Christ. Die mir kein Feind kann rau=ben? Mein Hei=land Je=sus Christ.
sein ver=goßnes Blut. Er ließ sie all ver=schwin=den Durch ver=goßnes Blut.
sei=ne Heilands=brust. Mich schuldbe=lad=nen Ar=men An sei=ne Heilands=brust.

Chor.

Heil, Heil, Heil, ja Heil ward auch mir in Christo zu Theil, Heil, Heil, ja Heil ward auch mir zu Theil.

Vergebung der Sünden.
(Schluß.)

Sein ver-goff'nes Blut Macht allen Scha-den wie - der gut, Macht Al- les gut.

fein Blut

Macht allen Schaden, allen Schaden gut.

4. Da schwur ich voller Wonne
Und frei von aller Noth,
:,: O Jesu, Gnadensonne!
Dir Treu bis in den Tod. :,:

5. Ach hilf, daß ich es halte,
So lang ich athme hier;
:,: Und wenn ich einst erkalte,
Dann nimm mich auf zu dir. :,:

6. Da will ich dir zu Füßen,
O Lamm, für mich geschlacht't,
:,: In ew'gem Dank zerfließen,
Daß du mich heimgebracht. :,:

135. Zum Kreuz Jesu.

Nach dem Engl. v. J. J.

1. Wie köstlich gut
Ist Jesu Blut,
Heilt alle Sündenwunden.
Mein böses Herz,
Voll Sündenschmerz,
Hat Frieden drin gefunden.

Chor. Drum fließ' ich nun zum Kreuze hin,
Weil ich da geborgen bin.
Ich wasch' mich im Blute des Lammes
Und ich werde völlig rein.

2. An Jesu Brust
Ruh' ich mit Lust,
Da ohne Furcht und Grauen;
Kein finst're Macht
Mir bange macht,
Ich darf auf Jesum schauen.

3. Mein Gott verheißt
Mir auf der Reis'
Stets seinen Himmelssegen,
So geht's der Ruh'
Beständig zu
Vergnügt auf Gottes Wegen.

4. Auf Christi Blut,
Das theure Blut,
Will ich die Hoffnung gründen;
Ich tauch' mich drein,
Es wäscht mich rein
Von allen meinen Sünden.

(Melodie in "Winnowed Hymns," Seite 18.)

(131)

J. M. Biermann.

136. Was habt Ihr gegen meine Bibel?

J. M. Biermann.

1. Was habt Ihr ge-gen mei-ne Bi-bel, Ihr, die Ihr spot-tet ü-ber Gott?
2. Die Bi-bel ist für ei-nen Christen Ein rei-cher Quell, der nie ver-siegt,
3. Was Got-tes wei-se Hand ge-schaffen Was seit die Welt steht, ist ge-schehn,
4. Wie groß das gött-li-che Er-bar-men, Wie Gott gab sei-nen Sohn da-hin,

Die Bi-bel laß ich mir nicht neh-men, Sie gibt mir Trost in je-der Noth.
Wor-aus er Trost schöpft hier auf Er-den Und der ihn nicht un Lo-be trägt.
Das fin-de ich nur auf-ge-zeich-net, In mei-ner lie-ben Bi-bel steh'n.
Uns ar-me Sün-der zu er-lö-sen, Das steht in mei-ner Bi-bel drin.

Chor.

Prahlt nur mit Weis-heit, Gut und Ehr', Wir bie-tet mei-ne Bi-bel mehr.

137. Fertig zu gehen.

Nach dem Engl. v. J. J.

J. H. Thiem.

1. En = gel, öffnet die Tho=re weit, Kommt, ich bin fertig zu geh'n! Süß = ret mich weit über Gra=bes=duft,
2. En = gel, öffnet das gold'ne Thor, Denn mich verlangt zu geh'n! Tragt auf den Schwingen mich sanft empor,

Chor.

Dorthin! wo rei-ne weehet die Luft, Je-sum auf e-wig zu seh'n.
Sin-get ein Lied im höhern Chor, Lasset mich Jesum bald seh'n.

Deff = net das Thor, Deffnet das Thor, das

Thor, Deffnet das Thor, das Thor, denn ich bin fer = tig zu geh'n.

Repeat pp.

gold'=ne Thor, gold'=ne Thor,

Deff . . . Deff . . . net das Thor,
Deffnet das Thor, Deffnet das Thor.

3. Engel, im heitern Lichtgewand,
Helft mir hinüber zu geh'n.
Kommet und reicht mir doch eure Hand,
Steuert das Schifflein zum gold'nen Strand,
Hin nach den sonnigen Höh'n.

4. Breite, o Jesu, die Arme aus,
Laß an dein Herze mich flieh'n!
Da ruh' ich sicher nach Angst und Noth,
Wo mir auf ewig kein Feind mehr droht,
Führe mich Heiland dort hin.

(133)

138. Ich hab's gewagt.

W. Horn.

Mit Erlaubniß aus "Songs of Faith."

1. Ich hab's, Gott = lob! ge = wagt Auf Je = su Blut und Treu, Was auch die Welt mir
2. Der Welt bin ich ent = floh'n, Dem Herrn bin ich ge = weiht, Er ist mein Theil, mein
3. Ja, mit = ten in dem Strom, Sieh ich auf Fel = sen=grund, Fest steht der Wahr=heit
4. Auf Je = sum will ich bau'n, Die Welt, sie muß ver=geh'n, Aufs Un = sicht=ba = re

sagt, Ist G = ner = lei.
Lohn, In G = trig = kiit.
Dom, Der ew', = ge Bund.
trau'n, Das wird be = steh'n.

Chor.

Ver = gnügt in Je = su nun. O

Ich kann so se = lig sein An sei = ner Brust.

O fü = ße Him = mels=luft,

fü = ße Him = mels=luft,

nun,

(134)

B. v. Strauß.

139. Jesus, unser Führer.

J. Gersbach.

1. Zei = ge dich in dei = ner Klar=heit, Je = su, schön=ster Stern der Wahr=heit, Die das Dun=kel hel=le macht. Nacht. Tritt her=vor mit dei = ner
2. Je = su, laß dein streu = zes = zei = chen, Dei = nes We = ges Leuch = te sein, Das ist Sünde, Schmach u. Pein. Wenn sich auch die Welt erbost, Was vor bei = nem Kreuz muß
3. Füh = re mich zur Frie=dens = quelle, Die den See=len=durst mir stil=le, Der ein Bal = sam = durst entquillt. Zi = z ge mir die Ru = he=statt, Ma = che mich in Gott getrost, Wo man in bir Frieden hat. Er=ben=thal her=ab ins Erbenthal Uns hez=ab ins Deff = z ne mir die stil = le

---

140. Wenn sich Schüler herzlich lieben.

1. Wenn sich Schüler herzlich lieben,
   Sich schon jung der Freundschaft weih'n,
   Täglich sich im Guten üben
   Und sich mit einander freu'n:
   Dann freu'n ihre Lehrer sich,
   Und sie ehren, Vater, dich.

2. Schüler, die sich nicht vertragen,
   Die sich ohne Unterlaß
   Hassen, streiten und verklagen,
   Und vergelten Haß mit Haß,
   Haben selbst kein gutes Herz,
   Machen ihren Lehrern Schmerz.

3. Nein, wir wollen in der Jugend
   Knüpfen schon das Freundschaftsband;
   Wollen üben jede Tugend,
   Unsern Weg geh'n Hand in Hand;
   Wollen uns durch Lieb' erfreu'n,
   Liebreich und gefällig sein.

(135)

Mit Erlaubniß d. r
Am. Tractatgesellschaft.

M. Horn.

141. Worte des Heilandes.

1. Wie sü-ße klingt des Heilands Wort: „Bit-tet so wird euch ge-ge-ben!" Wie lieb-lich klingt das
2. Wie hol-be klingt's aus Je-su Mund: „Wer da su-chet der soll fin-den!" Ja fin-den sei-nen
3. Wie lieb-lich tönt's, wenn Jesus spricht: „Hört, ich bin ein gu-ter Hir-te!" Ich bin der Weg, ich
4. Und end-lich heißt's voll Trost zum Schluß, Daß doch Niemand einsam kla-ge, Doch wie ein h l-ber

Chor.

gro-ße Wort: „Wer an mich glaubt, hat das Le-ben!" Je-su Wort, Je-su Wort,
Hei-land, und Die Ber-ge e-brinj al-ler Gün-t-ben. Je-su Lie-be,
bin das Licht, Eu-che treu-lich das Ber-irr-te." Je-----su Lie-be,
Ab-schieds-gruß: „Ich bin bei euch al-le Ta-ge."

Je-----su Lie-be, Je-su Lie-be, Je-su Wort, Je-su Lie-be, Je-su Wort, Sei du stets mein Trost hinfort.
Je-su Lie-be, Je-su Wort, Je-su Lie-be, Je-su Wort, Sei du stets mein Trost hinfort.

142. Gott ist die Liebe.

1. Gott ist die Lie=be! sein Ge=bot Zu hal=ten, laßt uns stre=ben; Die Lie=be=he sie=get ü=ber Tob, Und ih=re Kraft ist Le=ben, Und ih=re Kraft ist Le=ben, Le= ben.
2. D glaub an ihr und bleib in ihr, So wirkt bu Wahrheit in; Du bleibst in Gott, Gott bleibt in dir, Die Welt zu ü=ber=win=ben, Die Welt zu ü=ber=win= win=ben.
3. Nicht Furcht ist, was bie Lie=be be beut, Die Furcht ist Bein bes Knecht=tes; Die Lie=be freu=big, frei be=wegt, Ist fi=cher ih res Rechts, Ist fi=cher ih=res Rech= tes.
4. Spricht Jemand nun: Ich lie=be Gott, Und haf=set doch bie Brü=ber; Der trei=bet mit ber Wahrheit Spott, Und tritt sie frech bar=nie=ber, Und tritt sie frech bar=nic=ber.

143. Hinauf, zum Himmel hin.

1. Erheb', o Seele, beinen Sinn,
   Was hängst bu an ber Erben?
   Hinauf, hinauf, zum Himmel hin,
   :,: Denn bu mußt himmlisch werben! :,:

2. Was hat bie Welt? was beut sie an?
   Nur Tand und eitle Dinge!
   Wer einen Himmel hoffen kann,
   :,: Der schätzet sie geringe. :,:

3. Wer Gott erkennt, kann ber wohl noch
   Den Wunsch aufs Niebre lenken?
   Wer Gott zum Freund hat, benkt hoch;
   :,: So müssen Christen benken! :,:

4. Mein Theil ist nicht in biefer Welt,
   Ich bin ein Gast auf Erben;
   Ich soll, wann biese Hütte fällt,
   :,: Ein Himmelsbürger werden. :,:

(137)

144. Des Christen Heimath.

Text und Melodie von J. W. Fliermann.

1. Ei = ne Hei = math für den Chri = sten Ist be = reit im Him = mel = reich, Ei = ne
2. Mei = ne See = len, die ge = wa = schen Sind in Je = su Chri = sti Blut, Moß = nen

Hei = math vol = ler Won = ne; Nichts kommt die = ser Hei = math gleich, Ei = ne
Hei = math vol = ler Won = ne; Nichts kommt die = ser Hei = math
in der neu = en Hei = math, In der Hei = math schön und gut. Moß = nen schön und gleich.
in der neu = en Hei = math, In der Hei = math schön und gut.

Chorus.

Hei = math, Himmlische Hei = math, Wie bist du so schön! Hei = math, himmlische Heimath, Wie bist du so schön!

3. Dieser Erde Lust und Schätze
Sind nur Tand und eitler Schein,
:,: Aber den Himmel leiß' ererben,
Muß für sie gestorben sein. :,:—Chor.

4. Drum o Jesu, lieber Heiland,
Mach mein Herz fromm und rein;
:,: Führ mich, wenn mein Lauf vollendet,
In die ew'ge Heimath ein! :,:—Chor.

(138)

Nach dem Engl. v. J. J.

Dreistimmig.

Adagio. *cres.* *dim.* I. Frank Allen.

145. Grablied.

1. Hö=re den Trau=er=ten, Was soll's be=deu=ten, Daß man das Glöck=lein schon frü=he hört läu=ten?
2. Wenn nun zur stil=len Gruft Freun=de wir brin=gen, Die schon am Thro=ne Lob=lie=der sin=gen,
3. Schlaft drum ihr Sel=gen fort Den sü=ßen Schlummer, Ihr seid am si=chern Ort, Euch rührt kein Kummer

Quartett.

p rall. *ril. pp*

Ruft's uns nicht ernstlich zu: Es ging ein Mensch zur Ruh? Dar=um sollst denn auch du Dich vorbereiten.
Gönnt ihnen doch das Glück, Wünscht sie nicht mehr zurück, Wo sie von Leid entrückt Zum Thron sich schwingen.
Ja selbst vom Tod be=freit, In al=le E=wig=keit, Ru=het im Frieden.

Nach dem Engl. v. J. J.

146. Der Name Jesu.

1. Laß den theuren Jesusnamen
Täglich dein Begleiter sein;
Denn er wird mit Trost und Frieden
Stets dein armes Herz erfreu'n.

Chor. Jesu Nam', o wie süß,
Möglich hier und köstlich dort.

2. Jesu Nam' tilgt alle Schmerzen,
Allen Kummer, alle Noth,

Bringt dem armen Pilgerherzen
Seligkeit auch selbst im Tod.

3. An des Paradieses Stufen,
Bei den Ueberwindern dort,
Hört man Jesu Namen rufen,
Jesus ist ihr Loosungswort.

(Melodie in "Gospel Hymns," Seite 63.)

(139)

147. Trostworte.

J. W. Biermann.

an christliche Eltern beim frühen Verlust ihrer Kinder.

W. Horn.

1. Sie sind ge-stor-ben, a-ber nicht ver-lo-ren, Die Kleinen, deren Tod ihr früh beweint, Der Herr hat
2. Schaut nicht zurück, blickt höher, als auf Grüfte— Die Gruft, sie birgt nur moderndes Gebein, Den Geist um-
3. Sind bitter auch der frühen Trennung Schmerzen, Sind sie doch kurz, und blos der Leib getrennt, Die Liebe

sie zu Pflanzen auserkoren, Zu blühen, wo die ew'ge Sonne scheint,
weh'n des Paradieses Düfte In Gottes Garten, frühlingsmild u. rein, In Gottes Garten, frühlingsmild u. rein.
einigt, trotz dem Grab, die Herzen, Die Liebe, welche keinen Wechsel kennt, Die Liebe, welche keinen Wechsel kennt.

4. Schon winkt nach Tod und düst'rem Trennungsgrauen
Des Wiedersehens freundlich Morgenroth,
Schon tagt der Glaube über Frühlingsauen
:: Und weht der Hoffnung Schleier selbst im Tod. ::

5. Ein Kind im Himmel—seliger Gedanke!
Ein Kind im Himmel—heiliger Magnet!
Er zieht den Geist durch Welt und ihre Schranke,
:: Bis er beim Wiederseh'n im Himmel steht. ::

(146)

J. M. Fiermann.

Ernst.

1. Laß-set ein Lob-lied er-schal-len, Freu-dig stimmt Al-le mit ein!
2. Le-ben und Heil find er-wor-ben, Tod find be-siegt,
3. Su-chet ihn nicht bei den Tod-ten, Ihn, den Le-ben-di-gen Herrn,

Se-sus ist wie-der er-
Und durch das Dunkel der
Su-chet ihn, bis daß ihr ihn

stan-den, En-gel ent-fern-ten den Stein.
Grüß-te Strahlet ein himm-li-sches Licht.
fin-det, Lob-get ihm freu-dig und gern.

Trotz al-ler Wa-chen und Sie-gel er den
Leuch-tend de En-gel-ge-stal-ten Netz-nen die
In ihm ist Le-ben und Frie-de, Au-

Stein des Nah-mt er den
Grab, tra-gen-en die
be, der ihm

To-de die Macht;
Fel-sen-gruft ein,
Sor-ge und Roth,

Was er den Sei-nen ver-hei-ßen, Hat er so herr-lich voll-bracht.
Läu-tern mit fröh-li-cher Bot-schaft, Zu-hand das Di-ster-lest ein.
Wer an ihn glau-bet, soll le-ben, Und wer nicht glaubt, bleibt im Tod.

(141)

Nach R. Oertel.

149. Weihnachten.

Fr. Silcher.

1. Der Heiland ist ge - kom - men, Gebt eu - rer Freude Raum! Kommt Jung u. Alt, ihr Frommen, Um-
2. Habt ihr am Himmels-run - de, Nicht je - nen Stern ge - seh'n? Sühlt ihr im Her-zens - grun - de, Nicht
3. O kom - met, ihn zu grü - ßen, Folgt freudig sei - nem Stern, Halli se - lig ihm zu grü - ßen, Dem

ringt den Weihnachtsbaum! Kommt Jung und Alt, ihr Fro - men, Um - ringt den Weih - nachts - baum!
fei - nes Gei - stes Weh'n? Sühlt ihr im Her - zens-grun - de Nicht fei - nes Gei - stes Weh'n?
Her - ren al - ler Herrn. Halli se - lig ihm zu grü - ßen, Dem Her - ren al - ler Herrn.

4. Und wer ihn hat gesehen,
Und wer ihn hat erkannt,
:: Kann fröhlich heimwärts gehen
Den Weg ins Vaterland. ::

5. Und wär dein Weg auch dunkel:
Dir glänzet nun all Stund
:: Mit seligem Gefunkel
Ein Stern im Herzensgrund. ::

(142)

Mit Erlaubniß aus
"Joyful Songs."

130. Ein treues Herz.

Munter.

1. Kennst du den theuren Schatz, werth mehr als Gold und Geld? Kennst du den süßen Freudenplatz? Hoch über alle Welt?
2. Und fragst du nach dem Platz zu diesem sel'gen Stand? Der Herzensruh, der Gottesstadt, Dem ew'gen Vaterland?
3. Ein reines frommes Herz, Weld unschätzbarer Werth! Der Sünde Lohn ist bitt'rer Schmerz, Der Erbe Reiz beschwert.

Mein Jesus in's allein, Kennst, Seele, du ihn nicht? O, welche Wonne muß es sein, Zu schau'n
Ein Herz fromm und rein, Erhellt vom Glaubenslicht. Das ist der rechte Weg allein Zu schau'n
Nur Christi Blut wäscht rein, Sein Wund nur Friede spricht Und sein Verdienst nur läßt dich ein Zu schau'n

Chor.

Zu schau'n sein Angesicht, Zu schau'n sein Angesicht, O, welche Wonne muß es sein, Zu schau'n sein Angesicht.
Zu schau'n sein Angesicht, Zu schau'n sein Angesicht, Das ist der rechte Weg allein, Zu schau'n sein Angesicht.
Zu schau'n sein Angesicht, Zu schau'n sein Angesicht, Und sein Verdienst nur läßt dich ein Zu schau'n sein Angesicht.

W. Horn.   Arr. v. J. M. Biermann.

151. Weihnachtsglocken.

Der Chor sollte im Takt von Glockentönen begleitet werden. Die Glocke, oder das Glas, sollte den Ton B, oder wie man es im Englischen nennt, B flat angeben.

1. Hört, wie die Glo-cken Eu-ge-lein sin-gen, Strah-lend in himm-li-schem Schein,
2. "Eh-re sei Gott in der Hö-he! Frie-de sei hie für auf der Erd'!"
3. Ei-let drunn, su-chen-de Sün-der, Gläu-big zu Je-su noch heut,

Hört, wie die Glo-cken er-klin-gen, Läu-tend das Weih-nachts-fest ein.
Schallt es in se-li-ger Nä-he, Schall' es, daß Je-der es hört!
Daß ihr als se-li-ge Kin-der, Sei-ner Ge-burt euch er-freut,

Chor.

Hört nur die Glo-cke, Sie läu-tet so schön, so schön, Hört nur die Glo-cke, Sie läu-tet so

(144)

Weihnachtsglocken.

(Schluß.)

schön! Läu = tet so süß und fr Ahr: Gott in der Hö = he sei Ehr'!

132. Abendgebet.

J. W. Biermann.

Rawater.
Mit Andacht.

1. Auch die = ser Tag ist wie = der hin, Mit Freud' und Dank = er = füll = tem Sinn, Bringt
bir, der stets uns Va = ter war, Das Herz ein A = bend = o = pfer dar.

2. Du Gott der Liebe, voll Geduld,
Wie groß war deine Vaterhuld!
Du gabst, wie gestern, so auch heut,
Was Sinn und Herz nützt und freut.

3. Drum laß uns immer dir vertrau'n,
Und unser Glück auf dich nur bau'n!
Verdammen mag des Tages Glanz;
Dir überlassen wir uns ganz.

4. Wir schlummern sanft und ruhig ein;
Du wirst bei uns, o Vater, sein!
Du sendest deiner Engel Wacht;
Sie schirmen uns in dunkler Nacht.

(155.)

10

Mit Erlaubniß aus "Joyful Songs".

153. Abendlied.

U. Knapp.

1. Dich zu lie-ben, das ist Le-ben, Dich zu ha-ben, sel'-ge Ruh'; Und wer dir das
2. Sei das Licht, Herr, uns-rer Näch-te, Schenk uns dei-ne Gü-te schlä-fet
3. O wie se-lig, wer im Schlafe Von Er-barmung ein-ge-wiegt, Oh-ne Furcht vor

Herz er-ge-ben, Schließt getrost fein Au-ge zu. Trinkt noch einmal vor dem Schlummer Aus dem rei-chen
der Ge-rechte, Denn er ru-het ohne Schuld. Frie-de bie-tet das beißt das Kif-fen, Daß die See-le
ew'-ger Strafe Un-ter Gottes Schirme liegt! Ja, dann wächst die Saat des Lebens Leib-fe fort in

Le-bens-quell, Und dann schläft er oh-ne Kum-mer, Dann find fei-ne Näch-te hell.
recht er-quickt, Wäh-rend ein be-stedt Gewif-fen Im Trau-me schnell er-schrickt.
still-fer Nacht, Und kein Schlummer wird berge-bens Oh-ne Gottes Heil voll-bracht.

(146)

154. Morgenlied für Kinder. Bearb. von J. W. Biermann

1. Er wacht bin ich mit fre-hem Sinn, Und seh' der Son-ne Licht; Der lie-be Gott weiß,
2. Drum will ich sein recht fromm und gut, Den El-tern fol-gen gern. Dann hab ich im-mer

daß ich bin, Ver-läßt die kleinen nicht.
fro-hen Muth Und lo-be Gott den Herrn.

Er sieht so mild auf mich her-ab, Be-
Und wer-de nütz-lich in der Welt, Und

Von ihm kommt je-de gu-te Gab', Er läßt auch uns ge-deih'n,
Und end-lich, wenn es Gott ge-fällt, Zum Himmel ge-hen ein.

schützt die El-tern mein,
hier schon glücklich sein.

(147)

155. Missionslied.

J. M. Biermann.

1. Die ar-men Hei-den jam-mern mich, Denn groß ist ih-re Noth,
2. Ihr Ach, lie-ber Gott, er-bar-me dich, Sie sind in Sün-den todt.

Und bet-ne Kin-der fleh'n:
Und laß sie Je-sum seh'n!
öff-ne laut zu Hel-ben der Thür,

Sie be-ten stum-me Gö-tzen an, Sie knie'n vor Holz und Stein, Und wis-sen nicht in
Sie sind ja auch sein Erb und Gut, Sein theu-rer Schmerzenslohn;—Wir bit-ten durch sein

ih-rem Wahn, Daß du bist Gott al-lein, Daß du bist Gott, mein Gott al- lein,
Kreuz und Blut, O gib sie dei-nen Sohn! O gib, o gib sie dei-nem Sohn!

Daß du bist Gott . . . . , mein Gott al-lein,
O gib, o gib . . . . . sie dei-nem Sohn.

(148)

156. Halt' die Festung

Bearbeitet von
J. W. Biermann.

1. Muth, ihr Brü=der! Schaut die Bei=chen Auf der Ber=ge Höh'n! Hül=fe naht, die
2. Ob auch Fein=des=schaa=ren na=hen, Die der Sa=tan führt; Ob auch man=cher
3. Geht die Kreu=zes=fah=ne flie=gen! Hört Trom=pe=ten=schall! in Na=men
4. Ist die Schlacht auch heiß und blu=tig, Groß der Fein=de Wuth: Un=ser gro=ßer Her

Chor.

„Halt' die Fe=stung denn ich kom=me,"

Wel=len schwin=den, Sie=ges=fah=nen weh'n!
Star=ke strau=chelt. Und den Muth ver=liert.
Sie=su schla=gen wir die Fein=de all'.
Feld=herr na=het! Muth! ihr Brü=der, Muth!

Un=ser Feld=herr spricht: Hört das E=cho: Herr, gib Gna=de und wir wei=chen nicht!

157. Mäßigkeitslied.

Mit Erlaubniß von W. L. Herlin.

1. Es zieht ein Feind, ein bö=fer Feind, Gar ver=hee=rend durch un=fer Land, Drum machet euch auf, fteht
2. Un=mä=figkeit, so heißt der Feind, Er ver=schlinget oft Hab' und Gut, Drum machet euch auf, fteht
3. Be=käm=pfet ihn, bis ü=ber=all, Hoch der Mä=fig=feit Ban=ner weht, Und Je=der, den die=fer

Chor.

All' ver=eint, Gilt, daß ihr ihn glück=lich ver=bannt.
All' ver=eint, Be=käm=pfet ihn bis auf's Blut.
Feind zum Fall Ge=bracht, wieder auf=er=fteht.

O, be=käm=pfet den Feind, den grimmigen, ja=

grim=mi=gen, bö=fen Feind; O, fteht wie ein Mann, feft fteht ver=eint, be=käm=pfet die Un=mä=fig=feit

(150)

158. Anfangslied.

1. Wie=der steh'n wir hier aufs Neu=e, Herr, von dei=ner Huld ge=rührt. Dei=ne Gna=de,
2. Blick in Gna=den auf uns nieder, Seg=ne un=sern Un=ter=richt; Un=ser Be=ten,
3. Tra=ge du den gu=ten Sa=men, Leit'=ger Geist, in je=des Herz; Ba=ter, sprich dein

Einzelne.

dei=ne Treu=e, Hat so freundlich uns ge=führt, Liebster Je=su, liebster Je=su, Nimm den Dank, den
uns=re Lie=ber, Hö=re Herr, gib uns dein Licht! Keh=re kräf=tig, keh=re kräf=tig, Bei uns ein, ver=
gött=lich A=men, Zieh uns Al=le, Zieh uns Al = le, Him=mel=wärts, Biß wir bro=ken einst bich loben, Frei von Lei=den,

Alle.

cresc.

dir ge=bührt,
laß uns nicht!
Noth und Schmerz,

Lieb=ster Je=su, Nimm den Dank, der dir ge=bührt.
Keh=re kräf=tig, Bei uns ein, ver=laß uns nicht!
Biß wir broken, einst bich lo=ben, Frei von Lei=den, Noth und Schmerz.

159. Schlussfied.

J. M. Biermann.

1. Va-ter, dir sei Lob ge-ge-ben Für den Se-gen bei-ner Hand,
   Den du uns im gan-zen Le-ben Und auch heu-te zu-ge-wandt.
2. Was man Gu-tes uns ge-leh-ret, Schreib' in uns're Her-zen ein;
   Laß auch dem, was wir ge-hö-ret, Un-fern Wandel ähn-lich sein.

Ha-be Dank, o höch-stes Licht,
Hal-te uns in bei-ner Zucht.

Für den treu-en Un-ter-richt, Den wir auch in die-sen Stun-den Wieder durch bein Wort gefunden,
Laß uns brin-gen gu-te Frucht, Gib, daß uns bein Geist regie-re Und die Sün-be nicht ber-führe.

160. So wie ich bin.

Mel. in "Gospel Hymns," Seite 55.

1 So wie ich bin, arm und unrein,
Vertrauend auf dein Blut allein,
Und daß du Herr mich labest ein
Komm ich zu dir, o Gotteslamm.

2 So wie ich bin — von Angst erfaßt,
Voll Sorgen, Zweifel Wüd', und Last,
Sonst nirgends findend Ruh' noch Rast
Komm ich zu dir, o Gotteslamm.

3 So wie ich bin, du nimmst mich an,
Befreist mich von der Sünde Bann,
Weil ich bein Wort nun glauben kann,
So komm ich zu dir Gotteslamm.

161. Wie wird die Ernte sein.

Melodie in "Gospel Hymns," Seite 76.

1 Wir streut du Samen schon früh aufs Land,
Wir streut du Samen im Mittagsbrand,
Wir streut du Samen im Abendschein,
Wir streut du Samen bei Nacht allein.
O, wie wird die Ernte sein?
O, wie wird die Ernte sein?

Chor.

Ob du gesäet bei Nacht oder Licht,
Ob du gesäet in Kraft oder nicht,
Ob du auch erntest erst dort oder hier,
Säer klebet die Ernte dir.

2 Wir streut du Samen auf harten Weg,
Wir streut du Samen ins Dornecheck,
Wir streut du Samen auf Felsen und Sand,
Wir streut du Samen auf gutes Land.
O, wie wird die Ernte sein? :,:

3 Wir streut du Samen mit bangem Muth,
Wir streut du Samen in Frost und Gluth,
Wir streut du Samen von Schmach bedroht,
Wir streut du Samen in Sorg und Noth.
O, wie wird die Ernte sein? :,:

4 Wir streut du Samen auf dunklen Saat,
Wir streut du brennende Thränensaat,
Wir streut du Samen auf Hoffnung aus,
Das einmal wurde viel Frucht heraus.
O, wie wird die Ernte sein? :,:

162. In dem himmlischen Land.

Melodie in "Winnowed Hymns," Seite 17.

1 O, wie winkt doch das himmlische Land
Armen Pilgern von ferne schon zu! :,:
O, wie reizend der gelbene Strand!
Ja, dort findet die Seele die Ruh'.

Chor.

:,: In dem himmlischen Land
Wo die Seligen leben den Herrn. :,:

2 O, das Lied der Erlösten wie schön!
Wie's sein sterbliches Ohr je gehört,
Was kein Auge kienieden gesehn,
Trifft man da, wo sein Leib uns mehr stört.

3 O, wie groß muß die Wonne doch sein,
Den Erlöser am Throne zu seh'n,
Mit den Selegen sich stets zu erfreu'n,
Dort auf Zions entzuckenden Höh'n!

4 Dort verschwindet das Leiden der Zeit,
Und man kennt keine Traurigkeit mehr;
Von den trückenden Wander befreit
Singt frohlockend das himmlische Heer.

163. Mein Jesus liebt mich.

Melodie in "Gospel Hymns," Seite 25.

1 Ich bin so froh für den Trost den Gott gibt,
Daß er unendlich und herrlich und liebt.
Manch herrlich Wort in der Bibel find' ich;
Doch schöner keins als: Mein Jesus liebt mich.

Chor.

Ich bin so froh, mein Jesus liebt mich,
Jesus liebt mich, Jesus liebt mich! ja mich!

2 Dies ist mein schönder und liebster Gesang,
Tausendfach hallt sein jubelnder Klang;
Wie jedes Herz kann rühmen von sich:
O, welch ein Wunder: Mein Jesus liebt mich!

3 Jesus liebt mich und ich weiß ich lieb lieb ihn,
Er stieg vom Throne mich zu sich zu zieh'n,
Mich zu erlösen er sterbend verblich;
Drum ist's gewißlich: Mein Jesus liebt mich.

4 Möcht Jemand fragen, woher ich dies weiß,
Rühm ich es, mit Freuden, dem Heiland zum Preis:
Sein Geist bezeugt es so unverbrüchlich,
In meinem Herzen: Mein Jesus liebt mich.

164. Die Verheißung für mich.

Melodie in "Gospel Hymns," Seite 4.

1 Die Verheißung für mich ist nun völliges Heil,
Durch den Glauben an Jesu ward es mir zu Theil.

Chor.

:,: Halleluja ich bin
Nun erlöset von Sünd', :,:
Der Gekreuzigte nahm mich ja an als ein Kind. :,:

2 Ob mein Pilgerpfad rauh und mit Dornen besät,
O, so weiß ich mein Jesus zur Seite mir steht.

Halleluja :c.

3 Dort im himmlischen Glanze steh'n [Thron,
Dort im himmlischen Glanze steh'n Selige schon,
Und sie singen das Lied der Erlösten am
Halleluja :c.

4 Dieser freudige Chorus der gilt ja schon hier—
Hast du Frieden mit Gott, liebe Seele auch dir.
Hallelujah :c.

165. Die offene Gnadenthür.

Melodie in "Gospel Hymns," Seite 17.

1 Geöffnet steht die Gnadenthür,
Ich seh' in lichten Strahlen
Am Kreuz des Heilands Liebesmacht
In seinen Wundenmalen.

Chor.

Erbarmung, wie begreif ich dich?
Geöffnet ist die Thür für mich,
Für mich, für mich,
Geöffnet auch für mich.

2 Die Thür ist Allen aufgethan,
Die selig werden wollen,
Für Reich und Arm, für Groß und Klein,
Für jedes Volk auf Erden.

3 So bringe durch die off'ne Thür,
Und treten auch die Feinde,
Nimm an das Kreuz, die Krone folgt
Für Jesu Christi Freunde.

4 Dort drüben legen wir das Kreuz
Zu Jesu Füßen nieder,
Dann singt die Liebe beglückt erfreut
Ihm ewig Dankeslieder.

166. Vorwärts.

Melodie in "Gospel Hymns," Seite 32.

1 Glaubest du an Gott den Herrn?
Vorwärts gilt's zu ringen!
Oder bleibt du ihm noch fern?
Vorwärts gilt's zu ringen!

O des Vaters Gnade zeigt:
Vorwärts gilt's zu ringen!
Seine Huld sich zu dir neigt;
Vorwärts gilt's zu ringen!

Chor.

Fort und fort, immer fort,
Vorwärts gilt's zu ringen!
Herr, wir folgen dir auf's Wort,
Laß es wohl gelingen.

2 Hast du Jesu Wort verspürt?
Vorwärts gilt's zu ringen!
Fühlst du, daß er nach dich führt?
Vorwärts gilt's zu ringen!
O, die Liebe dein zeugt:
Vorwärts gilt's zu ringen!
Seine Lieb' sich zu dir neigt,
Vorwärts gilt's zu ringen.

Chor.—Fort und fort, immer fort,
Vorwärts gilt's zu ringen :c.

3 Wirst du in der Gnade Macht?
Vorwärts gilt's zu ringen!
Winkst dir des Himmels Pracht?
Vorwärts gilt's zu ringen!
O, der heilge Geist dir zeugt:
Vorwärts gilt's zu ringen!
Seine Kraft sich an dir neigt;
Vorwärts gilt's zu ringen!

Chor.—Fort und fort, immer fort,
Vorwärts gilt's zu ringen :c.

167. Wie, soll' ich denn nicht singen?

Melodie in "Winnowed Hymns," Seite 22.

1 Mein Leben ist ein Lobgesang,
Denn trotz der Erde Stöhnen,
Vernimmt mein Ohr den süßen Klang
Von Salems Friedenstönen.

Das Lob des Herrn tönt ihm weit und breit,
Und froh Lieder klingen
In Wald und Flur mit Fröhlichkeit,
Wie, soll' ich denn nicht singen?

2 Und schwände mir auch Alles hin,
Genug daß Jesus lebt;
Ob Wolken überm Haupt sich zieh'n
Und ob die Erde bebt,
Mann ich doch frohen Lobgesang
Dem Heiland dankbar bringen;
Der Herr hat Viel an mir gethan,
Wie, soll' ich denn nicht singen?

3 Es bleibt nicht immer dunkel hier,
Ich seh' die Wolke weichen;
Der Sonne Strahl bricht milde herfür,
Mein Frauerkummer beschleichen.
Ich fühle Gottes Frieden hier
Mein armes Herz durchdringen,
Ich bin mit Gott, und er mit mir;
Wie, soll' ich denn nicht singen?

168. Welch ein Freund ist unser Jesus.

Melodie in "Gospel Hymns," Seite 30.

1 Welch ein Freund ist unser Jesus,
O wie hoch ist er erhöht!
Er hat uns mit Gott versöhnet,
Und vertritt uns im Gebet.
Wer mag sagen und ermessen,
Wie viel Heil verloren geht,
Wenn wir nicht zu ihm uns wenden
Und ihn suchen im Gebet?

2 Wenn des Feindes Macht uns drohet,
Und manch' Sturm rings um uns recht;
Brauchen wir uns nicht zu fürchten,
Steh'n wir gläubig im Gebet.
Da erweist sich Jesu Treue

Wie er uns zur Seite steht
Als ein mächtiger Erretter
Der erhört ein ernst Gebet.

3 Sind mit Sorgen wir beladen,
Sei es früh oder spät,
Hilft uns sicher unser Jesus,
Mich'n wir zu ihm im Gebet.
Sind von Freunden wir verlassen,
Und wir geben uns Gebet:
O, so ist uns Jesus Alles:
König, Priester und Prophet.

169. Das höchste Bedürfniß.
Melodie in "Gospel Hymns," Seite 5.

1 Mein Heiland alle Stund'
Bedarf ich dein;
In deinen Friedensbund
Schließ Herr mich ein.

Chor.

Mein Heiland, o, mein Heiland
Deine Hand mich leite,
In Trübsal und zu Freude
Sei mir stets nah'.

2 Trim Rathlein mir zeigt
Des Vaters Rath,
Macht die Versuchung leicht
Und lehrt den Pfad.

3 Mehr gleichend bei mir ein
In Freud' und Leid!
Tein heilges Rathlein
Ist Seligkeit.

4 Zum Herzen wohne nun,
Teil du mich lebst!
Hilf du...

5 Mein Heiland allzeit
Bedarf ich dein;
Sei mein in Ewigkeit,
Und ich Herr dein.

170. Der sichere Bergungsort.
Melodie in "Winnowed Hymns," Seite 34.

1 In Jesu dem Heiland und dort
Find' ich allein Bergung und Ruh',
Wo wäre ein sich'rer Ort?
Sanft deckt er mit Liebe mich zu.

Chor.

Drum so eile ich hin
Steds mit heiterem Sinn,
Weil so sicher geborgen
In Jesu ich bin.

2 Mich schreckt nichts das Dunkel der Nacht,
Kein Pfeil mich verwundet bei Tag;
Mich schützet des Ewigen Macht,
Aber ist's der mir schaden nun mag?

3 Die Noth, die im Finstern schleicht,
Die Stunde, die Mittags mir dräut
Ja Tod und Verderben bald weicht,
Gott schützet mich in jeglicher Noth.

4 Der Herr ist mein Licht und mein Heil,
Was schadet mir Teufel und Welt?
Der Herr ist mein seliger Teil,
Er birgt mich in seinem Gezelt.

171. Ein Tagwerf für den Heiland.
Melodie in "Gospel Hymns," Seite 29

1 Ein Tagwerf für den Heiland
Die greif ich für den Beruf!
Es ist kein Zwingen,
Es ist ein Dringen
Der Liebe, die uns schuf.
Ich bin nicht mein,
Mein Alles ist ja sein.

Chor.

Ein Tagwerf für den Heiland,
Ein Tagwerf für den Heiland,
Ein Tagwerf für den Heiland,
Wie süß ist der Beruf.

2 Ein Tagwerf für den Heiland
Die Arbeit ist so süß!
Das Heil von Sünden,
Laut zu verkünden,
Daß bringet Frucht gewiß;
Auf Erden schon
Giebt er uns reichen Lohn.

3 Ein Tagwerf für den Heiland
O, wirkt immer zu!
Trotz Weltgetümmel
Ist man im Himmel,
Hat in der Unruh Ruh';
Herr hilf du mir,
Noch fleißig wirken hier.

172. Der blutige Strom.
Melodie in "Winnowed Hymns," Seite 19.

1 Ich sehe sie, die rothe Fluth,
Den Strom so tief und breit;
Die Mutter Wunden Jesu sind'd,
Die sich mir öffnen weit.

Chor.

Den blutgen Strom ich seh', ich seh',
Drum seh ich ich peinst drinnen,
Wo...es wäscht das Blut mich rein,
Es wäscht mich rein, ja wäscht mich rein.

2 Was doch das theure Blut vermag,
Schafft Herzen neu und rein,

Verwandelt Finsterniß zum Tag,
Fließt Trost und Balsam ein.

3 Und Blut getaucht, da wandelt man
Im hellen Sonnenschein,
So kann die arme Seele dann
Erst recht verjünget sein.

4 Ist's nicht der Himmel schon allhier,
Wenn man in Christi Blut
Sich ganz verfenkt und für und für
An Jesu Herzen ruht?

173. Ziehe nicht vorbei.

Melodie in "Gospel Hymns," Seite 23.

1 Ziehe doch, o Gott der Gnade
Mich an mir vorbei!
Hilf mir Jesu, hör' die Klage
Und mein Angstgeschrei.

Chor.

Treuster Jesu hör' mein Bußgebet,
Zieh' doch auch an diesem Sünder, Jesu,
nicht vorbei.

2 Herr! ich falle dir zu Füßen,
Komme wie ich bin,
Wollst du bald hattreich zu mir nahen,
Nicht vorüber ziehn.

3 Herr ich glaube, hilf mir Schwachen,
Nur auf dich zu trau'n!
Du allein kannst selig machen,
Die auf dich nur schau'n.

4 O, du Quelle alles Lebens
Quelle du in mir,
Keiner naht sich dir vergebens,
Ruh' ist nur bei dir.

174. O Glück der Erlösten.

Melodie in "Gospel Hymns," Seite 47.

1 O Glück der Erlösten! Von Sünde
ganz rein,
Kann sich jetzt die Seele in Christe er-
freu'n:

Chor.

Gewaschen, gereinigt, geheiligt im Blut,
So glücklich im Hafen der Wunden nun
ruht.

2 O Glück der Erlösten! der Heiland ist
mein!
Weg ist nun die Furcht vor Verdammniß
und Pein.

In Glauben und Hoffnung vertraue ich
mich,
Er lächelt mir Frieden und Seligkeit zu.

3 Dir Jesu, Gekreuzigter schalle mein
Dank!
Mein Röhl, dich preise ich mit Jubelge-
sang,

Mein Herz hüpft vor Freuden, ich jauchze
im Tod:
Mein Jesu, mein Retter, mein Herr und
mein Gott.

175. Erlösung.

Melodie in "Winnowed Hymns," Seite 69.

1 Hier schau' ich Erlöser vermundert
Und Liebesmeer Jesu hinein,
Da fließt mir aus göttlicher Fülle
Die Liebe ins Herze hinein.

Chor.

Das köstliche Jesu-Blut
Das noch heute Wunder thut,
Drum glaub' ich an Jesum allein
Nur er mein Erlöser soll's sein.

2 Ich wollte es selber erzwingen
Doch war es nur Mühe und Plag'
Es konnte mir niemals gelingen,
Was Jesus nur selber vermag.

3 Im Christi Verdienst und Erbarmen
Fand ich allein völliges Heil.
Wie köstlich sein Blut für mich Armen,
Es wird mir aus Gnaden zu Theil.

4 Es fließet vom Throne der Gnade
Sein Blut in die Seele hinein,
Da kann ich Beglückter mich laben,
In Jesu mich ewig erfreu'n.

176. O süße Stunde des Gebets.

Melodie in "Gospel Hymns," Seite 74.

1 süße Stunde des Gebets!
Die milde Frühlingsluft durchwehet
Mein Herz, wenn es mir Noth beschwert
Der Sorgen Last vor Gott auskehrt;
Der Frund es nach des Tages Last
Erquickung oft und süße Rast,
Und Rettung vor des Frundes Streit,
In Andachtsstunde, süßes Glück!

2 süße Stunde, wenn mein Herz
Auf Andachtsflügeln himmelwärts,
Im Glauben betend auf sich schwingt
In Gottes Heiligthum eintringt!

3 O süße Stunde des Gebets!
Begleite mich dein Segen stets,
Bis ich von Pisga's Sonnenhöh'n
Kann Kanaans Gefilde seh'n,
Dann ried' das Pilgerkleid ich aus
Und schwebe heim zum Vaterhaus,
Und hauchte voller Seligkeit:
O Andachtsstunde, süße Zeit!

177. Ruhe beim Kreuz.

Melodie in "Winnowed Hymns," Seite 28.

1 Ein zum Kreuze des Erlösers
Eile ich der Sünde Last,
Und ich fand in seinen Wunden
Für mein Herz Ruh' und Rast.

Chor.

Ehr, ehre meinem Jesu,
Weg mit allem eiteln Streit,
Denn ich habe nun gefunden
:,: Wahre Ruh' bei dein Kreuz, :,:

2 Als ich kam mit meinen Sünden
Zu dem Kreuz des Mittlers hin,
Durft' ich keinen Trost empfinden,
Fröhlich meine Straße zieh n.

3 Welcher Strom von süßem Frieden
Fließt aus Jesu Wunden her;
Mein Erlöser labt mich Müden
Aus dem an den Liebesmeer.

178. Die Stimme Jesu.

Melodie in "Gospel Hymns," Seite 63.

1 Die Stimme unsers Herrn
Ruft uns so freundlich zu:
"Kommt All', die ihr mühselig seid,
Ich schenk' euch wahre Ruh'."

Chor.

Es kommt ich, Herr zu dir,
O, nahe dich zu mir!
Wasche mich in deinem Blut,
Denn ich gehör' nur dir.

2 Ich bin gering und schwach,
Vermag nichts ohne dich,
O Jesu, stärk' den Glauben nun,
Ja, welche, rein ge mich!

3 O mach' mein Herz gewiß,
Dein Friede wohn' in mir.
Bertreib des Irrthums Finsterniß,
Dein Licht laß leuchten mir.

4 In dir ist volles Heil,
Zu Glück und Seligkeit,
Du bist der Seele bestes Theil
In Zeit und Ewigkeit.

5 Erlöst durch Christi Blut
Kann ich nicht fröhlich sein;
So ist mir die Kraft die Wunder thut
Und macht von Sünden rein.

179 Das völlige Heil

Melodie in "Winnowed Hymns," Seite 101.

1 Treuer Jesu halt mich Armen
Nun erlöst um dein zu sein;
O, welch herzliches Erbarmen!
Du bist mein und ich bin dein.

Chor.

O, Gottlob ich bin errettet!
Mein Erlöser, Gottes Lamm
Hat die ganze Schuld gedecket
Als er starb am Kreuzesstamm.

2 O, wie lang hab' ich getrachtet
Nach dem längst erworbnen Gut,
War vor Unruh' fast verschmachtet,
Bis mich heilte Jesu Blut.

3 Wenn wir uns auf Christum legen,
Wenn wir einzig ihm vertrau'n,
So wird uns sein reicher Segen;
Drum will ich auf Christum schau'n.

4 Dir will ich mich denn verschreiben,
Dir mich ganz zum Opfer weih'n,
Jesu, der stets treu zu bleiben,
Das soll meine Lösung sein.

180. Durch Christum all in.

Melodie in "Gospel Hymns," Seite 18.

1 Frei von dem Fluch spricht Jesus mich
Armen,
Nicht aus Verdienst, nein nur aus Er-
barmen.
Durch Christi Wunden bin ich versöhnt
Und mit viel Gnade mein Gott mich krönt.

Chor.

Großes Heil! Nehmt's an, arme Sünder!
Glaubet es fest, all' ihr Gotteskinder!
Legt zum Kreuz Christi eure Last,
Jesum im Glauben froh umfaßt.

2 Sind wir nun frei, was kann uns denn
schaden
Tod und Verdammniß? — Gott gibt aus
Gnaden
Erlösung durch das Versöhnungsblut
Deß, der am Kreuz starb uns zu gut.

3 Als Gottes Kindern hat er verheißen
Er woll' uns Gnade und Schutz erweisen,
Uns endlich bringen nach Kampf und Streit
Nach jenem Land der Seligkeit.

181. O, wir seh'n uns endlich wieder.

Melodie in "Gospel Hymns," Seite 9.

1 O, wir seh'n uns endlich wieder,
:,: In der Ruh' :,:
Singen frohe Jubellieder,
:,: In der Ruh' :,:
Wenn die Proben sind vorbei
Werden die Gefangnen frei;
Ihre Freude ewig neu,
:,: In der Ruh'. :,:

2 Siegespalmen wird man tragen,
:,: In der Ruh' :,:
Gott'ne Harfen freudig schlagen,
:,: In der Ruh' :,:
Wen wir einst das Ziel erreicht
Wo vor Gott sich Alles beugt,
Aller Kummer ewig schweigt,
:,: In der Ruh'. :,:

3 Ewig ruh'n an Gottes Herzen,
:,: In der Ruh' :,:
Erl'ge aus von Sorg' und Schmerzen,
:,: In der Ruh' :,:
Dort wird unser Wunsch erfüllt,
Unsre Sehnsucht dann gestillt,
Wo das Lebenswasser quillt,
:,: In der Ruh'. :,:

182. Frohlocket mit Ruhm.

Melodie in "Gospel Hymns," Seite 26.

1 Frohlocket mit Ruhm!
Der Erlöser ist da,
O betrachtet die Krthve,
Das Kreuz und das Grab!

Chor.

Der Erlöser ist gekommen
Der Begründer der Welt,
O, frohlocket ihr Frommen
Dem Heiland der Welt.

2 Frohlocket mit Ruhm!
O nun scheint uns mit Pracht
Die Sonne der Gnade,
Vorbei ist die Nacht.

3 O preiset den Herrn!
Gottes Gnade ist frei;
Es ist Jeder geladen,
Wer immer er sei.

4 Frohlocket dem Herrn!
Das geschlachte Lamm
Hat bezahlt unsre Sünden
Tort am Kreuzesstamm.

183. Wenn Jesus kommt.

Melodie in "Gospel Hymns," Seite 83.

1 Im Erdenthal wir wandern,
Bis Jesus kommt,
Von einem Ort zum andern,
Bis Jesus kommt.

Chor.

Bald, bald sind überstanden,
Wenn Jesus kommt!
Des Lebens Müt'n und Banden,
Wenn Jesus kommt.
Der Uebertvinder Herre,
Wenn Jesus kommt,
Ihm singen Preis und Ehre,
Wenn Jesus kommt.

2 Auf diesem dunkeln Pfade,
Bis Jesus kommt,

Geht's nur durch Gottes Gnade,
Bis Jesus kommt.

Chor.

3 Laßt eure Lichter brennen,
Bis Jesus kommt;
Laßt Jesum All' bekennen,
Bis er einst kommt.

4 Auf dunkle Nacht und Grauen,
Wenn Jesus kommt,
Führt uns der Herr zum Schauen,
Wenn Jesus kommt.

184. Zur Waffenträger.

Melodie in "Gospel Hymns," Seite 80.

1 O, nur als Waffenträger stehe ich hier,
Wartend auf Befehl o Jesu von dir!
Hör' ich dein "Vorwärts," so eile ich fort;
Rufst du mir "Halt' zu, so folg' ich dem
Wort.

Chor.

Hört ihr das Feldgeschrei: ,,Vorwärts
zum Streit,"
Jesus mein Herzog, hier steh' ich bereit.
:,: Hilf daß ich doch nie mög' weichen
von dir,
Bin ich gleich Waffenträger nur allhier.:,:

2 Ja nur ein Waffenträger im Dienst des
Herrn,
So dien' ich doch dem Feldherrn immer
gern,
Wo immer ich steh' sein Commandowort,
So eile ich freudig hin an meinen Ort.

3 Und einst als Waffenträger wird mir
zum Lohn,
Anstatt der Waffen die Palme und Kron',
Wenn ich mit recht kämpfe im heiligen Krieg,
So wird mir auch Beute nach endlichem
Sieg.

Register.

(160)